Um presente para:

....

De:

....

Data:

....

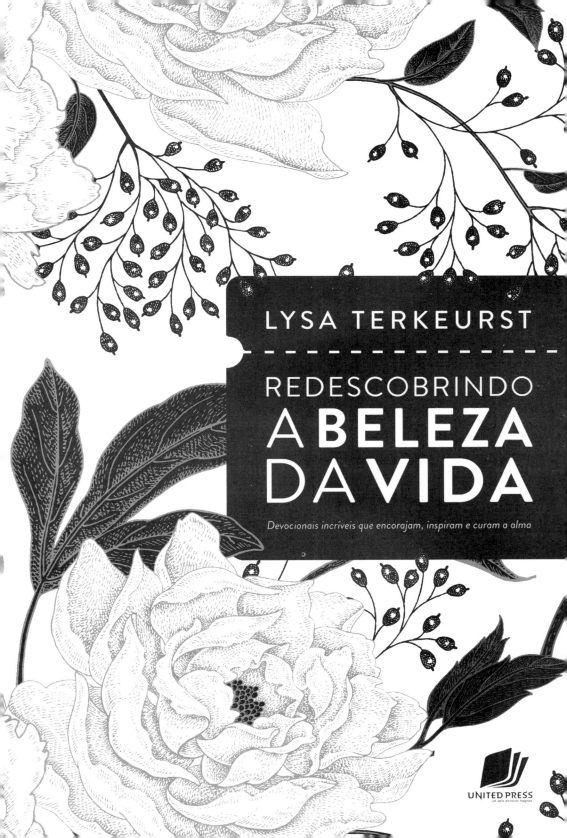

©2021 Lysa TerKeurst
Este livro foi primeiramente publicado pela Thomas Nelson, um selo da HarperCollins Christian Publishing, Inc., com o título *Seeing Beautiful Again*, copyright ©2021. Tradução permitida. Todos os direitos reservados. © 2021 Editora Hagnos Ltda. — edição portuguesa.

1ª edição: julho de 2021
1ª reimpressão: abril de 2023

TRADUÇÃO
Regina Aranha

REVISÃO
Lena Aranha
Francine Torres

DIAGRAMAÇÃO
Sonia Peticov

CAPA
Rafael Brum

EDITOR
Aldo Menezes

COORDENADOR DE PRODUÇÃO
Mauro Terrengui

IMPRESSÃO E ACABAMENTO
Imprensa da Fé

As opiniões, as interpretações e os conceitos emitidos nesta obra são de responsabilidade da autora e não refletem necessariamente o ponto de vista da Hagnos.

Todos os direitos desta edição reservados à
EDITORA HAGNOS LTDA.
Rua Geraldo Flausino Gomes, 42, conj. 41
CEP 04575-060 — São Paulo, SP
Tel.: (11) 5990-3308

E-mail: hagnos@hagnos.com.br
Home page: www.hagnos.com.br

Editora associada à:

Dados Internacionais de Catalogação na Publicação (CIP)
Angélica Ilacqua CRB-8/7057

TerKeurst, Lysa
   Redescobrindo a beleza da vida: devocionais incríveis que encorajam, inspiram e curam a alma / Lysa TerKeurst; tradução de Regina Aranha. — São Paulo: Hagnos, 2021.

   ISBN 978-65-86109-88-7

   Título original: Seeing Beautiful Again.

   1. Palavra de Deus (Teologia cristã) 2. Encorajamento I. Título II. Aranha, Regina

21-2466   CDD 242

Índices para catálogo sistemático:
1. Palavra de Deus (Teologia cristã)

Para minha irmã, Angee.

Aquela que me conhece há mais tempo que todas as outras pessoas, que me ama melhor e que modela de maneiras extraordinárias a mensagem de Redescobrindo a beleza da vida.
Você foi pura loucura para mim quando nasceu.
Eu estava espantada com a ideia de a mamãe pensar que ter outro bebê era boa.
Você foi pura mágica para mim quando percebi que você limparia meu quarto por uns trocados.
Desculpe-me por isso e pelas tortas de barro.
Você foi puro mistério para mim quando eu era uma nerd *estudiosa; e você, a célebre líder de torcida.*
Você foi pura bravura para mim quando atravessou seu período mais duro na vida com coragem, graça e amor inabaláveis por seus filhos maravilhosos.
Você foi puro amor para mim quando atravessou comigo o período mais difícil da minha vida segurando minha mão e meu coração com sentimento ardente de proteção e ternura absoluta.
Você é minha favorita, minha melhor amiga, minha parceira (com medo de altura) de aventura na vida e uma das melhores dádivas que Deus já me deu. Angee, amo você para sempre e gosto de você sempre.

SUMÁRIO

1. O processo antes da promessa 13
2. O melhor lugar para pôr sua mente hoje 17
3. Não quero que isso faça parte da minha história 22
4. Isso é notícia ou verdade? 27
5. Quando a alegria parece muito irreal 32
6. Por que o Senhor deixaria isso acontecer, Deus? 36
7. O passo a passo da obediência inabalável 40
   Uma carta de Lysa 44
8. Três perguntas a fazer antes de dar uma resposta
   que não tem volta 45
9. Se continuo ofendida, isso é de fato um assunto
   muito importante? 50
10. Isso não serve para nada 55
11. O único amor que nunca falha 59
12. Quando nego Jesus 63
    Uma carta de Lysa 67
13. Três perspectivas para você lembrar quando
    o seu normal estiver abalado 68
14. Salva pelo sofrimento 72
15. Às vezes é um ou dois versículos por dia 77
16. Quando as coisas pioram um pouco antes de
    melhorarem 81
17. As bênçãos dos limites 87
18. Onde está meu "felizes para sempre"? 91
    Uma carta de Lysa 95
19. Quando parece difícil dar graças 96
20. Perdão: a palavra de dois gumes 100

21. Por favor, não me dê uma resposta cristã.............105
22. Quando Deus lhe dá mais do que você consegue
    suportar.............110
23. Um inesperado fio de esperança 114
24. Um roteiro para pregar para mim mesma.............118
    Uma carta de Lysa.............122
25. A perspectiva mais elevada na realidade presente 123
26. Uma nova maneira de caminhar e uma nova
    maneira de ver.............127
27. Quando tudo que lhe resta é dar um tempo.........132
    Uma carta de Lysa.............137
28. A bondade de Deus não foi anulada.............138
29. Por que Deus não está respondendo a minhas
    orações?.............143
30. Quando nossa opinião e nossos sentimentos nos
    trazem problemas 148
31. Aquele de quem realmente precisamos hoje 153
    Uma carta de Lysa.............157
32. Quando sentimentos imutáveis são imperdoáveis.158
33. Contanto que dependa de mim 163
34. Suspeitando de Deus 167
35. Pinceladas de compaixão 171
    Uma carta de Lysa.............175
36. Sobre minha raiva.............176
37. A cura diária para o coração pesado.............182
38. Mais que pó e ossos.............187
39. Quando seu marido desiste.............191
    Uma carta de Lysa.............195
40. Cinco coisas para dizer a uma amiga hoje.............197
41. Que a amargura seja uma semente
    de possibilidades, e não uma raiz 202
42. A cura é um processo.............207

Uma carta de Lysa..212

43. Um declive escorregadio 213
44. Você é digna de ser celebrada.......................218
45. Os versículos de que preciso hoje 222
46. O melhor que pode fazer por seu marido hoje.....228

Carta de Lysa 233

47. Mas como consigo atravessar os próximos
    86.400 segundos? 234
48. Ainda fico assustada às vezes 238
49. Delicada, não frágil....................................243
50. A vida é bela...247

Uma oração de Lysa...253
Belas verdades para lembrar 257
Sobre a autora..263
Índice de tópicos...265
Índice por devocional......................................267

Em meio ao sofrimento
que você não causou,
à mudança que você não quis
ou à realidade que você
não sabia estar chegando...
sua vida ainda pode ser bela.

1

O PROCESSO ANTES DA PROMESSA

Esperei com paciência no Senhor,
e ele se inclinou para mim,
e ouviu o meu clamor.

Salmos 40:1, ARC

Alguma decepção profunda em sua vida parece estar se prolongando demais? Você sente como se fizesse a mesma oração vez após vez com pouca ou nenhuma mudança na situação?

Entendo como isso é difícil. Nos últimos anos atravessei um dos períodos mais dolorosos na minha família, no meu casamento e na minha saúde. E embora as circunstâncias de sua vida possam ser diferentes, provavelmente você também tem seus momentos de luta com lágrimas no meio da noite.

Há lembranças que ainda doem. Realidades que fazem você se perguntar se sentirá normal de novo. Sofrimentos que parecem eternos. E você fica desapontada por não estar vivendo hoje as promessas de Deus que implorou para que acontecessem.

Em seus momentos mais privados, você quer gritar palavras que não usa perto de suas amigas e irmãs em Cristo a respeito da injustiça disso tudo. Mas, aí, voltam os momentos de esperança... quando você quer elevar louvores e orações honestos e declarar que Deus é bom mesmo quando a situação não parece boa.

Sofrer, mas ainda esperar — essa é a jornada humana.

E essa é a situação em que encontramos Davi no salmo 40. Nos dez primeiros versículos, Davi louva a Deus por ter sido liberto, mas, a seguir, nos versículos 11 a 17, ele clama a Deus a fim de que seja liberto de novo. Davi estava sofrendo, mas ainda esperava no Senhor.

Esperar não significa ignorar a realidade. Nada disso, esperar significa reconhecer a realidade no mesmo sopro que reconhecemos a soberania de Deus — sua capacidade e seu poder absolutos para operar da maneira que achar melhor.

Nossa esperança não pode depender da mudança de uma circunstância ou de outra pessoa. Nossa esperança tem de depender das promessas imutáveis de Deus. Esperamos pelo bem que sabemos que Deus, no final, trará a nossa situação, quer esse bem seja compatível com nossos desejos quer não. E isso às vezes leva um tempo. O processo exige com frequência que sejamos perseverantes e pacientes.

Honestamente, sei que o processo pode ser um pouco opressivo.

Quero a bênção prometida em Salmos 40:4: "Como é feliz o homem que põe no Senhor a sua confiança", mas esqueço que esse tipo de confiança em Deus é muitas vezes forjado no crisol da temperança. Deus está me escolhendo pessoalmente para viver uma de suas promessas.

O PROCESSO ANTES DA PROMESSA

É uma grande honra, mas nem sempre parece assim. Tenho de atravessar os lugares baixios do processo antes de estar perfeitamente equipada para viver a promessa.

Lemos sobre alguns dos lugares baixios do processo nos versículos de 1 a 3 do salmo 40:

Coloquei toda minha esperança
no Senhor;
ele se inclinou para mim
e ouviu o meu grito de socorro.
Ele me tirou de um poço de destruição,
de um atoleiro de lama;
pôs os meus pés sobre uma rocha
e firmou-me num local seguro.
Pôs um novo cântico na minha boca,
um hino de louvor ao nosso Deus.
Muitos verão isso e temerão,
e confiarão no Senhor.

No versículo 1, a ideia de esperar com paciência é incrivelmente importante nesse salmo. A palavra hebraica para "esperar" indica continuidade e tem um sentido de expectativa e esperança vivas.

Assim, enquanto quero uma rocha firme na qual permanecer, tenho primeiro de esperar com paciência o Senhor me levantar do lodo e da lama e pôr meus pés em lugar firme. A palavra "pôr" no original hebraico é *"qum"*, cujo sentido é "levantar ou tomar posição". Deus tem de me conduzir pelo processo de me libertar do qual tem me mantido cativa antes que eu possa tomar uma posição.

Também quero esse novo cântico prometido nesse salmo. Você percebeu o que vem diante da promessa de um novo cântico? O clamor de muitos pela ajuda do Senhor. Os cânticos de louvor mais poderosos são com frequência gritos guturais de sofrimento transformados em belas melodias.

Sei que isso é difícil. Então, deixe-me ser aquela que se inclina e sussurra estas palavras para você enquanto começamos essa jornada juntas: "Deus está trabalhando as situações. Ele não está distante. Está bem aqui conosco. Precisamos nos apegar a essa esperança. Acreditar nela. Vivê-la. Bem aqui e bem agora. Mesmo que nossas orações não sejam atendidas da maneira e no tempo que queremos. Mesmo quando esse processo parece uma bagunça, confiamos que Deus é bom".

Senhor Deus, sei que operas com frequência de maneiras que não entendo. Há partes da minha história que parecem incrivelmente difíceis de viver, mas confio que estás fazendo algo belo até mesmo dessas partes da minha vida. Em nome de Jesus, amém.

2

O MELHOR LUGAR PARA PÔR SUA MENTE HOJE

*Finalmente, irmãos, tudo o que for
verdadeiro, tudo o que for nobre, tudo
o que for correto, tudo o que for puro,
tudo o que for amável, tudo o que for de
boa fama, se houver algo de excelente ou
digno de louvor, pensem nessas coisas.*

Filipenses 4:8

Na maioria das manhãs, antes mesmo de eu tomar minha primeira xícara de café, começa minha batalha mental. Mentiras me bombardeiam com roteiros que não se alinham com a verdade da Palavra de Deus e perturbam meu estado de espírito antes mesmo de me dar uma chance justa para desfrutar esse novo dia.

A bagunça que ficou na minha cozinha da noite anterior se transforma em um diálogo mental a respeito de quão desrespeitada sou e de quanto minha família é indiferente comigo, sem nenhuma consideração por mim. A verdade é que minha família se importa profundamente comigo, mas, às vezes, ela se esquece de mim quando está se divertindo com jogos familiares ou quando fica papeando até tarde da noite. Desejo que minha primeira inclinação não seja personalizar essa louça suja, mas as mentiras, às vezes, falam alto e são convincentes. Sei que farei algum comentário irritado ou demonstrarei minha frustração, e o tom em minha casa será completamente oposto àquele que quero de fato. Então, a culpa da minha irritação matutina se transforma em mentiras a meu respeito, porque digo a mim mesma que deveria ser mais paciente e compreensiva.

Nossa fé pode ser fragmentada pelas mentiras que deixamos impregnar nossas crenças.

E não é apenas na minha cozinha. Quanto mais acolho as mentiras, mais meu coração fica pesado durante o dia todo. Não se trata mais apenas dos pratos e dos comentários que fiz de manhã cedo. Essas mentiras logo tocam as feridas no coração e as inseguranças mais profundas da esposa e mãe. Essas mentiras, sem que nem mesmo eu perceba, começam a permear minhas crenças e a tirar minha paz. O perigo é que as mentiras não influenciam apenas nossos pensamentos, elas saqueiam nossas crenças.

As mentiras, se negligenciadas, afetam nossas percepções. As percepções que formamos, no fim, passam a ser nossas crenças. Nossas crenças determinam o que vemos. Por isso, temos de ter muito cuidado em reconhecer de que maneira as mentiras estão nos afetando. Nossa fé pode ser fragmentada pelas mentiras que deixamos impregnar nossas crenças.

Acabei percebendo que o que faz a fé desmoronar não é a dúvida. É ter certeza demais das coisas erradas.

As coisas erradas em que tento acreditar podem ser:

- "Isso nunca vai melhorar."
- "Minha vida nunca será boa de novo."
- "Deus não me perdoará."
- "Não consigo perdoá-los."
- "Não serei capaz de superar isso."
- "Deus não se importa."

Em vez de deixar essas mentiras destrutivas tomarem conta das minhas emoções e ditarem minhas reações, aprendi a vê-las como sinais de advertência. Quando tenho um pensamento especialmente negativo ou que condena a mim mesma ou aos outros, paro e penso: "Isso é mesmo verdade?". E descubro que a maior parte das vezes a resposta é: "Não, não é verdade".

A Bíblia, enquanto inspiradora, também é muito aplicável nesses casos. E quando nos voltamos para a Palavra de Deus a fim de saber o que fazer com os pensamentos e as mentiras que causam comoção na nossa mente, começamos o trabalho de transformação desses primeiros momentos da manhã em momentos de comunhão com o Senhor. Podemos, desse modo, definir um padrão melhor para todos os outros pensamentos que temos no restante do dia.

Na epístola para os Filipenses, encontramos Paulo na prisão escrevendo para a igreja de Filipos. Se houvesse uma situação perfeita para alguém começar a acreditar em coisas erradas a respeito de si mesmo, dos entes queridos e de Deus, seria a situação de Paulo escrevendo na prisão, mas ele não vacilou. Em suas palavras de Filipenses 4, Paulo fala sobre nossa vida de pensamento como cristãos:

Finalmente, irmãos, tudo o que for
verdadeiro, tudo o que for nobre, tudo o

que for correto, tudo o que for puro, tudo
o que for amável, tudo o que for de boa
fama, se houver algo de excelente ou digno
de louvor, pensem nessas coisas (v. 8).

Correto. Puro. Nobre. Amável. De boa fama. São pensamentos baseados nesses princípios que devemos ter, e não só porque é uma ruptura agradável e divertida com as mentiras que gostamos de explorar, mas porque nos trazem paz.

No versículo seguinte (9), Paulo ressalta essa promessa ao enfatizar mais uma vez que quando colocamos essa instrução em prática, a paz de Deus estará conosco. Amo o fato de a paz não depender de uma mudança para melhor em nossa circunstância. Nada disso, apenas se trouxermos pensamentos melhores para nossa circunstância é que teremos acesso à melhor paz existente.

> *Quando firmamos nossa mente nas coisas de Deus, temos acesso direto e imediato à paz de Deus.*

A paz de Deus. É por isso que anseio de fato.

Amiga, em vez de dar espaço a qualquer mentira que tente entrar e se instalar em sua mente hoje, lembre-se de que Deus dá instruções para um lugar melhor para aportar nossos pensamentos. Isso não significa nos negarmos a processar as coisas difíceis nem complicar nossas lutas relacionais, mas significa dirigirmos intencionalmente nossos pensamentos para o que é correto, puro, nobre, amável e de boa fama. Em meio às confusões, às frustrações, aos agravos e às irritações, ainda consigo ver algo de bom e redirecionar o local em que escolho aportar minha mente. Isso é um tipo exagerado de autoajuda? Não é não, a Verdade, quando aplicada, funciona de fato. Quando firmamos nossa mente nas coisas de Deus, temos acesso direto e imediato à paz de Deus.

Deus, ajuda-me a desvendar qualquer mentira em que esteja acreditando e a substituí-la por sua verdade doadora de vida. Ajuda-me a firmar minha mente nas características provenientes de ti: puro, nobre, amável e de boa fama. Em nome de Jesus, amém.

3

NÃO QUERO QUE ISSO FAÇA PARTE DA MINHA HISTÓRIA

Ele fortalece o cansado e dá grande
vigor ao que está sem forças.

Isaías 40:29

"Querido Deus, por favor, não deixa isso fazer parte da minha história..."

Escrevi essas palavras no meu diário, incapaz de processar como um Deus que me ama e promete me proteger permite esse diagnóstico ser o ponto culminante de um período já devastador.

Quando tive conhecimento do meu diagnóstico de câncer no outono de 2017, meu marido e eu estávamos separados. Não foi minha escolha viver sozinha, e quase todas as noites durante esse período intensamente solitário, orei com lágrimas descendo por minha face. Tinha tanta certeza de que Deus se comoveria de uma forma poderosa e começaria, de alguma forma, a fazer as coisas mudarem, mas em vez de a situação melhorar, ela parecia que ficava cada vez pior. E agora um câncer?

Quando a vida se desenrola de maneiras difíceis, parece impossível entender por que Deus permite que sejamos feridos uma vez após a outra. Como sua misericórdia não conserta tudo isso? Como Ele pode possivelmente usar algo como essa situação para o bem?

A maior lição que aprendi durante esse período é realmente quão limitada é a visão humana. Vemos mais e mais desgostos desnecessários, mas Deus vê as peças e as partes exatas que têm de ser acrescentadas agora mesmo para nos proteger, prover para nós e nos preparar cada vez mais com sua força operando por nosso intermédio.

Não podemos sempre presumir que as peças quebradas da nossa circunstância de vida são terríveis e sem sentido — não com nosso Deus.

Enquanto lia, certo dia, o capítulo 2 de Gênesis, percebi que Deus, de todos os ingredientes do mundo, escolheu o pó para criar e soprar vida na humanidade. Na mesma hora, escrevi em meu diário o quanto essa descoberta encorajou meu coração e me ajudou a perceber algo diferente a respeito das circunstâncias da minha vida que parecia estar além da possibilidade de conserto e reduzida a pó. Escrevi: "O pó não significa um fim. É muitas vezes o ingrediente necessário para o novo começo".

Alguns dias depois, conversei com uma amiga sobre o colocarmos o pó da nossa vida nas mãos de Deus, para que Ele o misture com a água viva, e o barro formado desse modo possa ser transformado em qualquer coisa. Ela deu um sorriso largo porque a mãe dela é uma oleira profissional. Ela já vira o barro ser transformado em coisas lindas quando colocado nas mãos de sua mãe. E me contou algo que me deixou boquiaberta.

Ela disse que os oleiros conhecedores de seu ofício não só sabem como formar belas peças a partir do barro, mas também sabem como é importante acrescentar um pouco do pó de peças cerâmicas quebradas previamente ao barro novo. Esse tipo de pó é chamado "chamote".

O bom oleiro pega pedaços quebrados de cerâmica e os tritura para deixar o chamote mais útil ao acrescentá-lo ao barro novo. O chamote triturado da maneira correta, quando acrescentado à argila nova, possibilita ao oleiro transformar essa mistura de barro em um vaso maior e mais forte do que seria possível de outro modo. E esse barro misturado com chamote também aguenta temperaturas muito mais elevadas. Além disso, essas peças, depois de vitrificadas, acabam tendo uma aparência mais bonita e artística do que se fossem feitas de outra maneira.

Isso não é incrível?

Depois, li Isaías 45.9: "Ai daquele que contende com seu Criador, daquele que não passa de um caco entre os cacos no chão. Acaso o barro pode dizer ao oleiro: 'O que você está fazendo?'. Será que a obra que você faz pode dizer: 'Você não tem mãos'?".

Continuei lendo esse versículo de Isaías e decidi me aprofundar um pouco mais na frase "caco entre os cacos".

Um caco é uma peça de cerâmica quebrada. Um caco quebrado pode cair no chão e não ser nada mais que um lembrete constante de sua condição de quebrado. O caco também pode ser usado para continuar a nos cutucar e ferir ainda mais quando o seguramos na mão. Ou talvez o Mestre Oleiro tenha sido encarregado de levar esses cacos, colá-los ali e, depois, usá-los para nos remodelar e nos tornar mais fortes e ainda mais belas.

Quando entendi isso, vi que Deus estava me mantendo moldável enquanto, no processo, acrescentava ainda mais força e beleza. Bem como Ele prometeu em nosso versículo inicial de hoje: "Ele fortalece o cansado e dá grande vigor ao que está sem forças" (Isaías 40:29).

Não queria ter câncer.

Nenhuma parte do meu cérebro consegue achar justo alguma pessoa, pois todas são preciosas, receber o diagnóstico de câncer.

> *"Ele fortalece o cansado e dá grande vigor ao que está sem forças" (Isaías 40:29).*

Deus não fez esse caco ser uma realidade na minha vida. Ele é o resultado de viver neste mundo imerso no pecado.

Tive de decidir que não queria que a realidade despedaçada fosse apenas um caco de cerâmica desperdiçado no chão ou algo que me feria ainda mais guardado na minha mão. Tinha de pegar essa realidade e confiá-la ao Senhor.

O que você precisa hoje para confiar nele?

Amiga querida, Deus está fazendo algo belo de nossa vida. Eu realmente acredito nisso. Podemos continuar a questionar quais são os ingredientes que Ele acha necessários para nos fortalecer ou escolher acreditar que Ele pode fazer coisas incríveis com o pó e os cacos da nossa vida. Sei que isso não é fácil, mas entreguemos cada peça quebrada na nossa vida nas mãos do Pai.

> *Senhor, acredito que tu vês coisas que não consigo ver, por isso, dá-me a coragem para continuar mesmo quando resisto ao que fazes em minha vida. Sei que tu tens o bem em mente e confio em ti de todo coração. Em nome de Jesus, amém.*

4

Isso é notícia ou verdade?

*Respondeu Jesus: Eu sou o caminho,
a verdade e a vida. Ninguém vem ao
Pai, a não ser por mim.*

João 14:6

Notícia e verdade nem sempre são a mesma coisa.

No devocional anterior, contei do diagnóstico de câncer de mama que recebi em 2017, um dos períodos mais difíceis da minha vida. Gostaria de conseguir descrever da maneira apropriada o que aconteceu quando o médico disse: "Lysa, sinto muito. Você tem câncer".

Tudo à minha volta ficou incrivelmente silencioso e parecia se mover muito devagar. Ouvia o médico continuar a conversar, mas não conseguia compreender as palavras dele. Sentia as palavras tentando se formar na minha boca, mas não tinha energia para proferir uma palavra sequer. Sabia que provavelmente choraria, mas não havia nenhuma lágrima.

Sou uma mulher que acredita absolutamente de todo coração na presença de Deus na minha vida, mas naquele momento, Ele parecia distante e misterioso. Fiquei atônita. Depois, senti-me bem. A seguir, senti-me atônita de novo. Queria me segurar, mas naquela situação desabar parecia bem razoável.

É assustador quando o médico a choca com o resultado de exames, e você não sabe o que o futuro lhe reserva.

tenho acesso a uma verdade que transcende a notícia.

Digo, porém, que Deus, durante aquela época, enviou tantas pessoas compartilhando palavras simples que passaram a ser revelações poderosas, lembrando-me do quanto Ele estava próximo de mim. Acho que, muitas vezes, os momentos de desespero nos levam a grandes revelações se escolhermos procurá-las e estivermos receptivas a elas a cada dia.

Um desses exemplos é o e-mail que recebi da minha amiga Shaunti Feldhan. A mensagem dela dizia: "Lysa, essa é a notícia. Essa não é a verdade".

Uau.

Sempre achei que a notícia e a verdade eram uma só e a mesma.

O médico me deu a notícia. Notícia honesta baseada no resultado dos exames e em fatos médicos, mas tenho acesso a uma verdade que transcende a notícia. A restauração impossível com as limitações humanas sempre é possível para um Deus sem limitações. A verdade inclui Deus na equação.

Por isso, olhe a palavra "impossível" de uma forma um pouquinho diferente hoje.

"Impossível", à luz da mensagem de Shaunti, poderia ser completamente diferente se apagasse as duas primeiras letras e acrescentasse "sou" logo à frente. Então, passaria a ser *sou possível*. Deus é o grande Eu Sou. Por isso, Ele é minha possibilidade de esperança e de cura.

"Sou possível" é uma forma muito mais reconfortante de ver tudo que parece impossível.

Suspeito que muitas de nós têm aspectos da vida que parecem impossíveis. Talvez você acabe de receber alguma notícia ruim. A notícia de uma situação financeira impossível. Notícia de uma situação de casamento impossível. Notícia de uma situação de emprego impossível. Notícia de uma situação do filho impossível. Notícia de uma situação da amiga impossível. Notícia de uma situação médica impossível. Notícia de uma situação de evento corrente impossível.

Seja qual for a notícia que você receber, oro para que o conselho de Shaunti também a ajude. O que você ouviu foi a notícia, e esta é a verdade de Deus:

EU SOU O CAMINHO

"Eu sou o caminho, a verdade e a vida.
Ninguém vem ao Pai, a não ser por mim"
(João 14:6).

SOU FIEL PARA SEMPRE

"Deus, que fez os céus e a terra,
o mar e tudo o que neles há,
e que mantém a sua
fidelidade para sempre"
(Salmos 146:6).

ESTOU COM VOCÊ

"Por isso não tema, pois estou com você;
não tenha medo, pois sou o seu Deus.

Eu o fortalecerei e o ajudarei;
eu o segurarei com a minha
mão direita vitoriosa"
(Isaías 41:10).

ESTOU SEGURANDO VOCÊ

"Contudo, sempre estou contigo;
tomas a minha mão direita e me susténs"
(Salmos 73:23).

SOU O TEU ABRIGO

"Tu és o meu abrigo;
tu me preservarás das angústias
e me cercarás de canções de livramento"
(Salmos 32:7).

Uma das coisas mais reconfortantes para mim em toda essa situação é saber que Deus, de algum modo, usará isso para o bem. E que Deus será meu "possível" em meio ao que pode parecer tão impossível.

> *Deus será meu "possível" em meio ao que pode parecer tão impossível.*

Ainda tenho, é claro, aqueles momentos em que me sinto menos segura espiritualmente, quando parece que afundo em um medo consumidor do desconhecido; mas sou muito agradecida pelo grande Eu Sou. Aquele que absolutamente "guia-me com a tua verdade e ensina-me" (Salmos 25:5).

Sinto muito por qualquer situação que você esteja passando hoje que façam as lágrimas brotarem e seu coração desfalecer. Oro por você hoje, minha amiga. Oro para que toda vez que a palavra "impossível" a espreitar e começar a tirar sua esperança, você veja as palavras "sou possível" e se agarre ao Senhor. Ele a ajudará independentemente da notícia que você receber e a lembrará de qual é a verdade derradeira.

Deus, tu és o Eu Sou, Eu Sou Possível. És o caminho, a verdade e a vida e és para sempre fiel. Ajuda-me a confiar nessas verdades quando a notícia recebida parecer impossível. Na minha casa, na minha família e nas minhas circunstâncias, confio em ti. Em nome de Jesus, amém.

5

QUANDO A ALEGRIA
PARECE MUITO IRREAL

*Meus irmãos, considerem
motivo de grande alegria o fato de
passarem por diversas provações, pois
vocês sabem que a prova da sua fé
produz perseverança.*

Tiago 1:2-3

Nenhuma partícula do meu ser quer que o sofrimento faça parte da minha história. Não há nenhum plano que Deus pudesse apresentar com o qual eu concordasse de bom grado em passar por aflição e sofrimento.

Quanto mais caminho com Deus, mais vejo que tragédia isso seria. Pegar e escolher o que quero que faça parte da minha história me absteria do bem supremo que Deus tem em mente para mim.

Se parece difícil imaginar isso em meio à circunstância difícil em que você vive hoje, quero compartilhar alguns versículos de Tiago que me ajudaram nos períodos mais difíceis da minha vida. Tenho de adverti-la que a passagem pode não parecer boa à primeira vista, mas quando a examinarmos juntas, acho que você verá que é melhor lutar com verdade do que ficar parada na confusão.

Tiago 1:2-4 nos lembra:

> *Meus irmãos, considerem motivo de*
> *grande alegria o fato de passarem por*
> *diversas provações, pois vocês sabem que*
> *a prova da sua fé produz perseverança.*
> *E a perseverança deve ter ação completa,*
> *a fim de que vocês sejam maduros e*
> *íntegros, sem lhes faltar coisa alguma.*

Confesso que gosto desses versículos. Até deixar de gostar. É fácil lançar mão dessas palavras quando seu pior problema é o fato de a cafeteria ter errado seu pedido. Eles bateram seu café com leite e, assim, estragaram o começo do seu dia de trabalho.

E quanto a outras situações que atravessamos? Aquelas que doem por muito tempo? Ou as decepções profundas demais? Ou o sentimento permanente de devastação?

Parece cruel colocar alguns versículos do tipo "considerem motivo de grande alegria" no topo de situações difíceis. Parece uma piada de mau gosto à respeito de algo excruciantemente doloroso. É muito cedo para esse tipo de contrassenso.

Por isso, fico contente por esses versículos não dizerem "sintam alegria", mas sim "considerem motivo de grande alegria o fato de passarem por diversas provações".

Nosso entendimento de alegria aumenta e diminui se confiamos de fato em Deus quando nossa mente não consegue ver de maneira alguma algo como bom. Por isso, gosto de pensar nisso em termos de receitas. Imagine se decidimos fazer um bolo a partir do zero hoje.

Depois de ir ao supermercado, arrumamos todos os ingredientes: a farinha, a manteiga, o açúcar, o extrato de baunilha, os ovos, o fermento e uma pitada de sal; mas, depois, talvez nos sintamos cansadas demais para misturar todos os ingredientes e fazer o bolo. Em vez disso, cogitamos que seria possível simplesmente nos deliciar com o bolo consumindo um ingrediente por vez. O fato é que às vezes não gostamos de algum dos ingredientes individuais e, portanto, o deixamos de lado.

A farinha é muito seca — então a deixamos de fora! O açúcar, a manteiga e a baunilha são todos ingredientes gostosos — logo serão incluídos! Os ovos crus são pegajosos — definitivamente não entram na receita! E, assim, nosso bolo nunca ficaria "pronto e perfeito, sem faltar nada".

> *o sofrimento e a celebração podem coexistir de forma bem autêntica em um coração. Misturá-los faz parte da receita da vida.*

Somos muito rápidas em julgar a qualidade de nossa vida e a confiabilidade de Deus baseadas em eventos individuais, em vez de nos basear no bem final que Deus está operando por meio desses acontecimentos.

Temos de saber que, assim como o mestre confeiteiro tem motivos para colocar a farinha e os ovos na medida certa na receita, Jesus, o autor e aperfeiçoador da nossa fé (Hebreus 12:2), também faz a mesma coisa com os períodos de seca e os momentos difíceis. E sim, talvez tenhamos de passar por períodos de caos na mistura dos ingredientes e por alguma temperatura excessiva na hora de assar, mas logo nos levantaremos e levaremos uma vida de doce oferta de esperança, graça, paz e conforto para os outros.

É assim como podemos considerar a pura alegria hoje.

Também fazemos as pazes com o fato de que o sofrimento e a celebração podem coexistir de forma bem autêntica em um coração. Misturá-los faz parte da receita da vida.

Podemos nos sentar e cuidar de tudo que ainda precisa ser curado ao mesmo tempo que rimos, planejamos grandes coisas de antemão e declaramos que o dia está glorioso.

Ter o sofrimento e a celebração em nosso coração não significa negação. É considerar a vida uma dádiva — mesmo que não pareça nada com o que pensávamos que seria nesse exato momento.

Nosso sofrimento deixa nosso coração mais terno e nos permite lamentar. Nossa celebração atende às necessidades de nosso coração para reconhecer o que é belo em nossa vida, reerguer-nos e seguir adiante.

Abracemos essa mistura de tudo que merece celebração enquanto permitimos que o sofrimento também acrescente tudo o que traz — sabendo que podemos confiar na receita de Jesus e que há um propósito tanto no sofrimento quanto na alegria.

Deus Pai, quando a alegria parecer irreal demais, ajuda-me a considerar onde encontrar vislumbres de alegria em meu dia hoje. Ajuda-me a trazer a perspectiva tanto do "sofrimento" quanto da "celebração" para minhas circunstâncias e a manter na minha lembrança o fato de que teus planos para mim ainda são bons. Em nome de Jesus, amém.

6

POR QUE O SENHOR DEIXARIA ISSO ACONTECER, DEUS?

Elias teve medo e fugiu para salvar a vida.

1Reis 19:3

Tenho de fato uma tendência péssima quando algo difícil ou ameaçador acontece. Em um segundo, todos os piores cenários pipocam na mente, e minhas emoções, antes de eu perceber, começam a aumentar como um torvelinho. Não sei com certeza por que tenho essa tendência, mas a única maneira que encontrei para lidar com isso é decidir de antemão que verdades levar em consideração em cada evento em que começo a me sentir sendo tomada pelo medo. Estas são três verdades que falo de fato em voz alta sem parar:

1. Deus é bom.
2. Deus é bom para mim.
3. Deus é bom em ser Deus.

Esse é meu ponto de partida quando olho para minhas circunstâncias. Não estou dizendo que isso é fácil, mas essas verdades me ajudam a considerar as coisas boas que talvez Deus esteja fazendo, mesmo quando a realidade não parece de maneira alguma boa. Essas verdades me trazem de volta para a bondade de Deus como o ponto de partida para minha confiança contínua nele. Quando não faço isso no início do processamento do que está diante de mim, logo começo a perguntar: "Deus, por que o Senhor deixaria isso acontecer?".

Aconteceram de verdade alguns eventos dolorosos na minha vida ao longo dos últimos dois anos. Eu tinha tantas ideias de como minha vida devia seguir, incluindo noções do que um Deus bom permitiria e não permitiria que acontecesse na minha vida.

Eu dizia que confiava em Deus, mas na realidade acho que eu confiava no plano que *pensei* que Deus seguiria. E quando minha vida teve reviravoltas traumáticas e muito além das minhas expectativas, minha alma se abalou. Minha paz de espírito se evaporou. E todo meu ser queria correr, e se esconder, e deixar de confiar em Deus.

É nesse exato lugar que encontramos Elias em 1 Reis 19. Para definir o contexto do que está acontecendo, no entanto, leia o capítulo anterior, 1 Reis 18. Vemos Deus usar Elias para provar à nação de Israel que Ele é o único Deus verdadeiro de uma forma milagrosa e poderosa. Elias devia estar se sentindo enlevado ao ver Deus fazer o que esperava que fizesse. E Elias, em essência, parecia estar bem, como o profeta que venceu no monte Carmelo.

Oh! As coisas podem mudar em um piscar de olhos. Com que rapidez a confiança absoluta de Elias em Deus se evaporou com uma ameaça de morte da rainha Jezabel. "Elias teve medo e fugiu para salvar a vida" (1 Reis 19:3).

Os eventos que acontecem em 1Reis 18 e depois em 1Reis 19 são tanto espetaculares quanto sóbrios. O espetacular é como vemos o Senhor provar de maneira magnífica sua supremacia e seu poder para toda a nação de Israel. O sóbrio na passagem é que o rei Acabe e a rainha Jezabel, a despeito do tremendo espetáculo do poder de Deus, não foram derrubados, e Elias terminou fugindo para salvar sua própria vida.

Por que Elias teve medo e ficou desesperado? Tenho o sentimento de que o desespero dele veio do mesmo lugar que abala a alma — expectativas não realizadas, conforme mencionei anteriormente. Elias, provavelmente, presumiu que o reinado ímpio de Acabe e Jezabel terminaria após o poderoso feito do Senhor. O resultado, contudo, não foi esse, e Elias, nesse lugar da expectativa não realizada, sucumbiu ao medo da perseguição.

> *Os planos de Deus não precisam estar de acordo com nossos planos para ainda serem bons.*

Elias, apesar de ter experimentado o milagre no monte Carmelo, fugiu para o deserto expondo a verdade de que mesmo um grande profeta como ele ainda era humano e podia ficar terrivelmente aquém do esperado em termos de fé no Senhor e de afeto por Ele.

Mesmo assim, o Senhor age de forma graciosa e gentil com Elias — aproximando-se com um sussurro e dando-lhe instruções do que fazer a seguir.

Deus não determinou as coisas da maneira que Elias pensava que seriam determinadas, mas guiou Elias. E não é interessante o fato de o Senhor guiá-lo de novo pelo deserto (1Reis 19:15)? Afinal, o deserto é o lugar para onde Deus leva com frequência seu povo a fim de ensiná-lo sua perspectiva, pois é no deserto que floresce nossa fé mais profunda.

O Senhor deu uma segunda chance a Elias para enfrentar as mesmas lutas com as quais lidara antes de fugir, só que dessa vez com a perspectiva e a fé corretas.

Elias viu que o plano de Deus era bom — mesmo que não fosse da maneira que ele mesmo teria escrito. E esse mesmo fato é verdade para nós. Os planos de Deus não precisam estar de acordo com nossos planos para ainda serem bons.

O que podemos aproveitar pessoalmente a partir do estudo desses eventos na vida de Elias?

A perspectiva é a chave para confiar em Deus. E muitas vezes a clareza de que precisamos para ver os fatos da perspectiva de Deus vem das experiências no deserto que todas nós queremos evitar.

Talvez os três filtros da verdade que me ajudaram também possam ajudar você em todas as circunstâncias da vida que lhe pareçam injustas, não razoáveis ou dolorosas e estejam além de sua capacidade de aguentar: Deus é bom, Deus é bom para mim, Deus é bom em ser Deus.

Deus Pai, sou tão agradecida por não me condenares por meus medos. Ajuda-me a usar tua Palavra para pregar a verdade para minha alma quando começo a duvidar de tua bondade. Que tua Palavra me lembre de que me vês, de que me amas e de que estou segura — em tuas mãos e em teus planos. Em nome de Jesus, amém.

7

O PASSO A PASSO DA OBEDIÊNCIA INABALÁVEL

*"Pois os meus pensamentos não
são os pensamentos de vocês, nem os seus
caminhos são os meus caminhos", declara
o SENHOR. "Assim como os céus são mais
altos do que a terra, também os meus
caminhos são mais altos do que os seus
caminhos, e os meus pensamentos, mais
altos do que os seus pensamentos.*

Isaías 55:8-9

Sou uma planejadora. Uma solucionadora de problemas. Por isso, quando trago minhas lutas para o Senhor em oração, tento também trazer minhas ideias e sugestões cuidadosamente elaboradas para que Ele possa escolher uma delas.

"Senhor, acho que isso vai funcionar. Só preciso que o Senhor indique uma delas, está bem?"

Quanto mais caminho com Ele, mais descubro que simplesmente não é assim que Deus opera. Seus caminhos? Definitivamente, não são os nossos caminhos (Isaías 55:8-9).

O PASSO A PASSO DA OBEDIÊNCIA INABALÁVEL

Na palavra devocional anterior, aprendemos uma valiosa lição com Elias. Hoje, quero apresentar outro amigo do Antigo Testamento que tem algo a nos ensinar: Josué.

No sexto capítulo do livro de Josué, Josué e os israelitas estavam vivenciando um problema de proporções épicas. Havia um muro compacto impedindo-os de avançar para sua terra prometida.

Não consigo deixar de imaginar os murmúrios que circularam no acampamento quando viram os altos muros de Jericó. Tenho certeza de que não houve falta de ideias ou opiniões de como deveriam resolver o problema do muro.

Deus, no entanto, não pedira a opinião de ninguém. *Nem mesmo de Josué.* Ao contrário, Ele pediu a completa e inabalável obediência deles. A obediência em face de um plano de batalha que não faria nenhum sentido para mentes racionais. Um plano que não envolvia nenhum tipo de "batalha".

Tudo que Deus queria que fizessem era marchar. Eles tinham de marchar durante seis dias diretos em torno dos muros de Jericó. Depois, no sétimo dia de marcha, eles terminariam com toques de trombeta e um grito alto. Deus declarou que esse som poderoso faria o muro cair.

O que mais me comove a respeito do papel dos israelitas nessa história não é tanto a disposição deles de dar esse primeiro passo maluco de obediência. É como eles *continuaram dando* passos de obediência. Um passo após o outro, dia após dia. Embora nada parecesse mudar... embora não houvesse um único sinal de rachadura ou esfarelamento naquele muro compacto... eles continuaram marchando.

E se parassem de marchar no segundo dia? Ou no terceiro dia? Ou até mesmo no sexto dia?

Pense em tudo que teriam perdido. Teriam frustrado a si mesmos, pois não veriam a vitória certa de Deus. E pense em toda a energia desperdiçada e desnecessária, além do risco de ser ferido se tivessem tentado derrubar o muro eles mesmos.

Não digo nada disso casualmente — como se fosse fácil continuar seguindo as instruções de Deus quando não há nenhuma evidência de mudança na nossa situação. É difícil continuar marchando quando não vemos Deus se mover da maneira que pensávamos que faria. Às vezes é difícil confiar que Ele está operando nos bastidores.

É difícil continuar marchando quando não vemos Deus se mover da maneira que pensávamos que faria.

Assim, o que fazemos quando Ele pede para nos mover de maneiras que não fazem sentido para nós? Como continuamos "marchando" quando a situação ainda parece desesperadora?

Fazemos a mesma escolha feita pelos israelitas. Escolhemos caminhar pela fé, não pela visão (2Coríntios 5:7). Tomamos Deus por sua palavra e nos apegamos com firmeza à suas promessas (Hebreus 10:23).

Deus prometera a Josué que entregaria Jericó, seu rei e seu exército nas mãos dele (Josué 6:2). E foi exatamente isso que Ele fez. Quando os israelitas marcharam em torno da cidade naquele sétimo dia e deram gritos acompanhados de toques de trombetas, os muros vieram abaixo. Desmoronaram! A cidade estava ali para os israelitas a tomarem (versículo 20).

A vitória jamais dependeu da habilidade dos israelitas nem de quaisquer de seus planos bem esquematizados. A vitória dependeu apenas da obediência inabalável deles oferecida a um Deus amoroso e poderoso.

Não sei que passos de obediência — que parecem não fazer sentido — Deus chama você para dar hoje, mas deixe-me ser o sussurro gentil em seu ouvido encorajando-a a continuar a andar. "Continue a confiar. Continue a dar um passo de obediência após o outro, dia após dia."

Não temos de entender o "porquê" dos caminhos de Deus, mas temos de continuar escolhendo segui-los.

Não paremos de caminhar antes de nossa vitória com Deus. Ele está operando algo em nós. Está presente. Seu plano ainda é bom, e Ele ainda merece nossa confiança. Essas são certezas mesmo quando a vida parece muito incerta.

Senhor, confesso que meu coração às vezes fica desencorajado quando não vejo resultados imediatos aos meus passos de obediência. Obrigada, Senhor, por me lembrares de que só porque não posso ver teu movimento, isso não significa que ele não existe. Por favor, ajuda-me enquanto caminho pela fé, não pela visão. Dia após dia. Passo após passo. Em nome de Jesus, amém.

UMA CARTA DE LYSA

Entregue o seu caminho ao SENHOR;
confie nele, e ele agirá: ele deixará claro
como a alvorada que você é justo, e como o
sol do meio-dia que você é inocente.

Salmos 37:5-6

Querida amiga, não sei qual é o seu "isso" hoje, mas sei que sua melhor tática é não lutar, nem se preocupar com o que aconteceria, nem, tampouco, passar as noites em claro tentando descobrir o que fazer.

Coloque uma música de adoração. Declare, uma vez após a outra, o nome de Jesus. Deixe-o lutar por você.

Olhe de frente os sentimentos de dúvida e derrote-os mandando-os para um cantinho escondido. Recuse o anseio de entorpecer ou de dar vazão a essas dúvidas. E honre o Senhor com sua ação e reação hoje.

O demônio quer que você surte de medo. Deus quer que você permaneça firme com fé. Ele fará isso!

Continue marchando,

8

TRÊS PERGUNTAS A FAZER ANTES DE DAR UMA RESPOSTA QUE NÃO TEM VOLTA

A resposta calma desvia a fúria,
mas a palavra ríspida desperta a ira.

Provérbios 15:1

Certo dia, eu evitava conversar com um grupo que já deixara claro que viam as coisas de maneira distinta da minha. Eu sabia que a conversa seria difícil e, provavelmente, não correria bem.

Meu coração disparou quando vi o número dessas pessoas pipocando no meu telefone. Nenhuma parte do meu ser queria ter aquela conversa. Dizer que estava ofendida seria pouco para descrever meus sentimentos. Sentia-me ferida. Estava com raiva. E cansada de ser mal-entendida. Talvez você consiga entender essa situação por já ter enfrentado algo semelhante.

Atendi à chamada com dois objetivos em mente: provar como estava certa e como as outras pessoas estavam erradas.

Como você acha que a conversa transcorreu?

Nada bem.

Esse conflito aconteceu muitos anos atrás. Portanto, o ímpeto da emoção já se dissipou e agora consigo ver com mais clareza como minha abordagem foi errada.

E enquanto estou longe de estar em um lugar em que minha auréola brilhe, estou melhorando em não permitir que esses pensamentos iniciais do tipo *mostrarei para você* transpirarem em minhas reações.

Algo que tem me ajudado ao longo dos anos é memorizar nosso versículo de hoje — e fazer todo esforço para viver de acordo com ele —: "A resposta calma desvia a fúria, mas a palavra ríspida desperta a ira" (Provérbios 15:1).

Quando, nesse versículo, imergi no sentido mais profundo da palavra "calma", descobri que a palavra no hebraico é *rak*. Esse termo é mencionado dezesseis vezes na Escritura e se relaciona com a qualidade de ser essencialmente calmo, suave ou delicado. A relação com a palavra "resposta" significa que nossa resposta deve tranquilizar e confortar quem nos ouve.

Isso significa que, como os discípulos de Jesus, somos chamadas a exercer moderação emocional dando respostas suaves, em vez de respostas duras ou dolorosas. Essa atitude nos capacita a conter a raiva, em vez de incitá-la, o que só serve para causar mais dano.

Então, como resolvemos isso na prática? Até mesmo com — talvez especialmente com — as pessoas que mais nos machucaram?

Acho útil fazer a mim mesma três perguntas.

1. Qual parte desse problema posso reconhecer como minha parcela de culpa e pedir desculpas por ela?

Muitas vezes quando ocorre um conflito, duas pessoas têm narrativas opostas a respeito da situação em questão. E, em geral, em qualquer conflito não há uma pessoa que esteja perfeitamente certa ou totalmente errada. Não estou falando em assumir coisas que não nos competem. Se há, no entanto, uma colaboração minha para o conflito, não quero que o orgulho me impeça de tomar a atitude correta.

E, em geral, em qualquer conflito não há uma pessoa que esteja perfeitamente certa ou totalmente errada.

Se fizer as pazes com a parte que preciso assumir e pedir desculpa *antes* da conversa, há uma chance maior de eu permanecer calma *durante a* conversa, e essa é a única maneira com a qual consegui contemplar o coração da outra pessoa se abrandar; mas, se entro na conversa com o coração determinado a retaliar, Provérbios 15:18 me lembra de que o resultado dessa interação será a intensificação do conflito: "O homem irritável provoca dissensão, mas quem é paciente acalma a discussão".

2. Como posso abrandar meu coração em relação a essas pessoas para honrá-las a despeito de como reagem?

Essa pergunta é difícil. Bem difícil; mas sei que pessoas feridas ferem outras pessoas.

A pessoa com quem tenho conflito em geral tem algum tipo de mágoa passada ou presente em sua vida alimentando essa questão. As chances são de que as mágoas não tenham nada que ver comigo, mas elas aumentam a resposta emocional das pessoas nesse conflito.

É mais fácil abrandar meu coração se conseguir sentir empatia pela mágoa que percebo. Mais uma vez, se eu conseguir ir além do meu orgulho, a honra será minha recompensa. Provérbios 29:23 nos lembra: "O orgulho do homem o humilha, mas o de espírito humilde obtém honra".

3. Se eu soubesse que essa conversa seria gravada e, depois, compartilhada com pessoas que respeito muitíssimo, como esse fato mudaria minha reação?

E se eu aparecesse na igreja esta semana, e o pastor dissesse aos membros para olhar a tela e ver um exemplo de reação ruim? E, em seguida, aparecesse meu rosto na tela. Misericórdia. Com certeza, eu desmaiaria.

Apesar de ser muito improvável que nossas conversas sejam registradas e vistas, é muito provável que os outros observem nossa reação. Filhos. Colaboradoras. Amigas. Mais eis aquele que realmente prende minha atenção — meu Jesus está muito presente. Filipenses 4:5 nos lembra: "Seja a amabilidade de vocês conhecida por todos. Perto está o Senhor".

Todo conflito tem variáveis a serem consideradas. Alguns conflitos chegam a um determinado ponto em que é necessário pedir ajuda a profissionais. Temos de ser cuidadosas e orar para saber quando pedir ajuda passa a ser um passo necessário e sensato a se dar.

Para os conflitos diários que todas temos, fazemos bem em ponderar essas questões. E nosso versículo de hoje, Provérbios 15:1, é um bom lembrete de que nossa reação é importante. Se controlamos nossas reações no curto prazo, não temos de viver com o "arrependimento de uma reação" no longo prazo!

Meu trabalho é ser obediente a Deus. O trabalho de Deus é tudo o mais. Essa medida de entrega é apenas outra maneira de abrir os braços para a beleza que Deus quer criar por nosso intermédio.

> *Querido Senhor, por favor, ajuda-me a parar*
> *e permitir que o Espírito Santo intervenha*
> *quando quero reagir de modos que não te*
> *glorificam. Até mesmo quando sou pega de*
> *surpresa, que o teu amor e tua paciência*
> *sejam o transbordamento do meu coração.*
> *Em nome de Jesus, amém.*

9

SE CONTINUO OFENDIDA, ISSO É DE FATO UM ASSUNTO MUITO IMPORTANTE?

Assim José foi em busca dos seus irmãos e os encontrou perto de Dotã. Mas eles o viram de longe e, antes que chegasse, planejaram matá-lo.

Gênesis 37:17-18

Hoje haverá um momento. Ninguém tirará nenhuma fotografia dele. Provavelmente ele não estará nas páginas daquelas que escrevem um diário nem permanecerá por muito tempo nos pensamentos que levamos conosco ao dormir hoje.

O momento virá.

O momento irá.

O momento passará aparentemente sem ser notado, mas seus efeitos não passarão. Eles permanecerão. E serão acalentados. E aumentarão até alcançar proporções épicas.

Esse é o momento em que algo entra sem ser percebido em nosso coração e muda nosso foco do *certo* para o *errado*.

Apenas um indício de distorção. Um movimento sutil e ínfimo, mas essa distorção do pensamento, pequena e aparentemente insignificante, criará raízes.

E aumenta além do que sequer conseguimos imaginar.

O que nos leva a uma das minhas histórias favoritas na Bíblia. Aquela em que Moisés vai até o faraó e entoa este cântico: "Ó faraó, faraó, pare, pare, deixe meu povo ir".

Uma tradução totalmente livre, mas se você já participou, quando criança, da escola bíblica de férias, provavelmente sabe do que estou falando.

Há uma cadeia impressionante de eventos que conduzem Deus à libertação de seu povo do punho forte do faraó, eventos esses que quero traçar e considerar. Tudo começa com esta pergunta: por que *toda* a nação dos israelitas — todo o povo de Deus — todas as doze tribos — estavam escravizadas no Egito?

Quando traço essa história desde o seu início, descubro que tudo aconteceu por causa de um momento aparentemente insignificante.

É claro que o curso da história foi mudado porque alguns irmãos ficaram ofendidos e permitiram que a ofensa se transformasse em amargura em relação ao irmão deles, José. A inveja e a raiva os contaminaram, o que abriu caminho para o ódio; e, por fim, uma fúria assassina avassaladora os impulsionou a fazer o impensável.

Nunca há apenas um pouquinho de amargura, um pouquinho de raiva, um pouquinho de tempo remoendo uma ofensa, especialmente quando já nos sentimos vulneráveis em um período realmente difícil.

Os versículos de hoje, Gênesis 37:17-18, revelam o momento em que a semente do ciúme germinou o ódio e, por fim, resultou em um plano elaborado de matarem o irmão, José.

José foi jogado em um buraco, e os irmãos, em vez de matá-lo, resolveram vendê-lo como escravo.

Anos após a mágoa e a confusão terem passado, embora a vida fosse difícil, José estava próximo de Deus, e o favor de Deus estava com ele.

Ele continuou a longa jornada com muitos altos e baixos e, por fim, inesperadamente acabou ocupando uma posição de grande poder no Egito. Por causa de sua posição, José, quando a fome chegou à terra, estava no comando do suprimento de alimento. Mais tarde, a fome fez os irmãos dele viajarem para o Egito em busca de alimento. José tinha de fazer uma escolha: forçar os irmãos a pagar pelo que haviam feito a ele ou perdoá-los. Ele escolheu o perdão. José e seus irmãos compunham o que veio a ser as doze tribos de Israel. E conforme essas tribos se multiplicaram, elas se transformaram na nação de Israel.

O que os irmãos pretenderam para o mal, Deus usou para o bem: Ele salvou os israelitas da fome. Apesar disso, as escolhas dos irmãos tiveram efeitos duradouros anos depois.

Após a morte de José,

> *Então subiu ao trono do Egito um novo rei, que nada sabia sobre José. Disse ele ao seu povo: 'Vejam! O povo israelita é agora numeroso e mais forte que nós. Temos que agir com astúcia, para que não se tornem ainda mais numerosos e, no caso de guerra, aliem-se aos nossos inimigos, lutem contra nós e fujam do país'. Estabeleceram, pois, sobre eles chefes de trabalhos forçados, para os*

oprimir com tarefas pesadas. E assim
os israelitas construíram para o faraó
as cidades-celeiros de Pitom e Ramessés.
(Êxodo 1:8-11)

Portanto, toda a nação de Israel sofreu opressão e escravidão durante séculos. Por que isso aconteceu? Porque alguns irmãos, em um dia comum, ficaram ofendidos, enciumados e deixaram a raiva e a vingança entrarem em seu coração. E no momento em que essas emoções foram permitidas, o curso da história mudou.

Em um momento apenas.

Nunca podemos presumir que nossos momentos não têm importância. As decisões que tomamos a cada segundo de cada dia importam sim. Não há pequenos momentos nem pequenos pecados. Há um efeito dominó nisso tudo.

> *Não há pequenos momentos nem pequenos pecados. Há um efeito dominó nisso tudo.*

Por isso, aceito com firmeza a graça suave. Agradeço a Deus por essa percepção. Peço a Ele para que torne minha alma ainda mais sensível à minha necessidade constante de perdão, mais consciente dessa necessidade e mais sintonizada com ela.

Embora eu seja fraca, caminho na força da dependência total do Senhor. E recuso-me a punir a mim mesma por erros cometidos ontem. Hoje é um novo dia. Uma nova chance de fazer as coisas seguirem em uma direção diferente.

Os irmãos de José tiveram anos para tentar resgatar José, descobrir onde ele estava, ajudá-lo e corrigir os erros do passado. Anos. Tiveram muito tempo, mas nunca fizeram nada para consertar a situação.

Ó minha querida amiga, não podemos deixar o hoje escapar pelos vãos dos dedos. Os momentos importam. Fiquemos atentas a qualquer momento de hoje em que tenhamos a escolha de deixar a raiva, a inveja ou algo negativo entrar em nosso coração e ditar como agimos e reagimos. Estejamos conscientes de nossos sentimentos para que eles nos guiem em direção a Deus, e não na direção das armadilhas do inimigo. Nossos sentimentos são indicadores de que há um problema ao qual dar atenção, mas não podem nunca ditar como agimos e reagimos.

Deus amado, tu me criaste. Tu me conheces. Preciso da tua ajuda nos pontos em que sou fraca. Ajuda-me a ver hoje que mesmo os menores momentos são importantes de fato. Faze-me consciente de qualquer ponto em que saio do curso em alguma área da minha vida e dá-me a coragem e a graça para fazer o que agrada a ti. Quero fazer a tua vontade. Em nome de Jesus, amém.

10

Isso não serve para nada

Vocês planejaram o mal contra mim, mas
Deus o tornou em bem, para que hoje
fosse preservada a vida de muitos.

Gênesis 50:20

Você já se preocupou com o fato de seus momentos de dificuldade e sofrimento não servirem para nada? Que todo esse sofrimento pelo qual você continua passando é completa e totalmente sem sentido?

Entendo em meu íntimo esse tipo de medo e fadiga. Quando faço as mesmas orações uma vez após a outra, tendo como resultado pouco ou nenhuma mudança, as decepções se transformam em desilusão.

Por isso, quero lhe dar uma dádiva hoje. Na verdade, é uma dádiva que recebi quando passei pelo período mais doloroso do meu casamento.

Quando meu marido, Art, e eu percebemos que nosso casamento não teria qualquer progresso sem ajuda profissional, começamos a procurar um conselheiro maravilhoso. Passamos mais de setenta e cinco horas no consultório dele. Tudo com o entendimento de que Art e eu estávamos na mesma página, seguindo em frente *juntos*. Toda a devastação seria reparada, restaurada e consertada.

Durante uma das sessões, meu conselheiro, no entanto, discerniu que sairíamos do seu consultório e entraríamos em um dos piores períodos dessa batalha. Ele pegou uma moldura montada por profissionais da parece de seu consultório e rasgou a parte de trás para abri-la. Tirou um verdadeiro Coração Púrpuro, a mais alta honra concedida pelo governo à sua família quando seu cunhado foi morto cumprindo o dever de tentar salvar outros.

A seguir, ele ajoelhou-se na nossa frente e colocou essa medalha inestimável na minha mão.

— Mantenha essa medalha, Lysa, pelo tempo que precisar. Quando a batalha ficar tão pesada a ponto de você começar a se perguntar se vai sobreviver, lembre-se desse momento em que lhe digo que você atravessará isso. Se Deus desse um Coração Púrpuro, você receberia sem dúvida essa alta honra.

Sua dor não será em vão.

Tudo pelo que você passará não será sem um propósito. Sua dor não será em vão. Será para salvar muitas vidas.

Sem palavras, baixei os olhos para esse presente escandalosamente belo. Aquele momento me deixou sem palavras, e a única coisa que tive para oferecer de volta, além das minhas lágrimas, foram apenas as palavras: "Muito obrigada". Senti-me valente naquele dia.

Menos de um mês depois de voltarmos para casa depois daquela sessão de aconselhamento, meu coração foi devastado mais uma vez.

Não conseguia respirar. Sentia que a medalha era a única coisa física que podia segurar enquanto cada bocado da minha vida flutuava como fragmentos espalhados ao redor. Achava que quase tínhamos superado aquele período terrível, mas depois percebi que nem mesmo começáramos a cura.

E embora esse Coração Púrpuro não pudesse me curar, fortificou-me pelos dois anos seguintes, enquanto Art e eu nos empenhamos na árdua tarefa de salvar nosso casamento.

Minha cara, quero ser aquela amiga que a ajuda de maneira inabalável hoje, porque sei como é se sentir fraca para a batalha.

Conforme vimos na mensagem devocional anterior, José, autor das palavras de nosso versículo de hoje, estava familiarizado com os sentimentos de desânimo e fadiga por causa da traição dos irmãos. Como é possível você ser jogado em um buraco por sua família, vendido como escravo e, depois, ser preso injustamente... sem se perguntar se a sua história poderia dar origem a algo benéfico?

Você verá a beleza mesmo no que parece muito distante dela.

Deus, contudo, tinha um plano. E a traição dos irmãos não foi o fim da história de José. Ele, do buraco ao palácio, foi posicionado para poupar não só a vida de sua família, mas de toda a nação de Israel. Por isso, as palavras de José para os irmãos em Gênesis 50:20 são uma bela imagem de redenção e esperança: "Vocês planejaram o mal contra mim, mas Deus o tornou em bem, para que hoje fosse preservada a vida de muitos".

Deus também tem um plano para sua vida. O inimigo tenta fazê-la tropeçar e a rasga em pedaços com zombarias dolorosas de que todo esse sofrimento é em vão. Não ouse ouvir isso. Deus ainda pode trazer o bem do que parece impossível. Você verá a beleza mesmo no que parece muito distante dela.

Estou segurando o Coração Púrpura para que me lembre que tudo pelo que passamos não é apenas por nós — mas para a salvação de outros. Essa mensagem traz à tona a bravura em minha alma não apenas por mim. Também é por você. Soube, no instante em que o conselheiro colocou a medalha na minha mão, que ela também deveria ser colocada em seu peito. E se estivesse aqui comigo hoje, faria exatamente isso. Lembraria você de que sua história, entregue nas mãos de Deus, não será em vão.

Feche os olhos e respire. Você é corajosa, bonita e escolhida a dedo. Uma guerreira condecorada nessa batalha real com um fim glorioso. Estou declarando a seu respeito que o Senhor restaurará e redimirá você e escreverá a gloriosa história divina nas páginas da sua vida.

> *Senhor, sou tão agradecida por saber que*
> *não há nada que o inimigo possa colocar*
> *em meu caminho que tu não possas superar,*
> *redimir e usar para o meu bem e para o bem*
> *dos outros. Escolho entregar cada mágoa*
> *e circunstância difícil em tuas mãos hoje.*
> *Em nome de Jesus, amém.*

11

O ÚNICO AMOR QUE NUNCA FALHA

*O Senhor, o seu Deus, está em seu
meio, poderoso para salvar. Ele se
regozijará em você; com o seu amor
a renovará, ele se regozijará em você
com brados de alegria.*

Sofonias 3:17

Se você já ouviu meu testemunho, então sabe que parte do que compartilho diz respeito a ser uma menina, girando em torno do meu pai biológico, desejando saber se ele me amava.

Talvez ele tenha me amado da sua maneira, mas algo se quebrou em nosso relacionamento, o que me deixou desesperada para ter a garantia desse amor. Em especial, quando ele empacotou todas suas coisas e deixou nossa família para sempre.

É difícil quando aqueles que deveriam nos amar e nos orientar não o fazem.

Talvez essa declaração soe dolorosamente verdadeira para você. Quando abrimos Sofonias 3 juntas hoje, vemos que essa situação também era verdade para os filhos de Israel.

Sofonias 3:3-4 retrata de maneira vívida o tipo de liderança sob a qual os israelitas estavam:

> *No meio dela os seus líderes são leões*
> *que rugem. Seus juízes são lobos*
> *vespertinos que nada deixam para*
> *a manhã seguinte. Seus profetas são*
> *irresponsáveis, são homens traiçoeiros.*
> *Seus sacerdotes profanam o santuário e*
> *fazem violência à lei.*

Não posso deixar de ler essas palavras e pensar em como teria sido fácil para o povo de Deus apontar o dedo e atribuir seus caminhos pecaminosos àqueles que os lideravam.

Deus, porém, convida o povo a redirecionar o foco para a bondade encontrada nele, em vez de fixar os olhos nas faltas de seus líderes. Só Ele é justo. Só Ele não erra (v. 5).

E Deus o instrui a reconhecer o próprio pecado e clamar por seu nome, em vez de culpar os outros (versículo 9). Só Deus tem o poder de curar o coração do povo e remover a vergonha dele.

O profeta Sofonias continuou a revelar por que os israelitas podiam se sentir seguros em colocar toda sua confiança no Senhor: "O Senhor, o seu Deus, está em seu meio, poderoso para salvar. Ele se regozijará em você; com o seu amor a renovará, ele se regozijará em você com brados de alegria" (v. 17).

Essa descrição do Deus e Rei deles aponta de volta para um dos primeiros reis de Israel, Davi, que foi guerreiro e músico. Também traz uma imagem incrível de esperança.

Imagem essa do Pai celestial que não só ama seu povo e o salva, mas também canta a respeito dele com alegria.

Essa pode ser, no entanto, uma imagem que lutamos para conectar a nossa vida, especialmente se nossa experiência com a liderança terrena nos deixa com o sentimento de desamor, desproteção e incerteza a ponto de não queremos arriscar a depositar nossa confiança de novo em alguém. Nossa visão de Deus, com muita frequência, é maculada pelas pessoas que falham conosco.

E pode ser muito tentador apontar as mágoas do nosso passado e dizer: "Todos meus problemas estão relacionados ao que outra pessoa me fez".

Confie em mim. Eu sei.

Faz mais de vinte e cinco anos desde que vi meu pai pela última vez — por escolha dele. Isso é difícil para o coração de uma garota, mas Deus não quer que fiquemos empacadas em nosso lugar de culpa e mágoa. Ele quer nos curar e nos ajudar a seguir em frente.

Pelo fato de o meu pai ter ficado aquém do esperado, Deus preencheu as lacunas. E tive, por meio das promessas divinas, a garantia de tudo que desejara que meu pai terreno tivesse me dado. Aprendi que o amor de Deus por mim é profundo, inabalável e certo.

> *Você é plenamente conhecida e plenamente amada por um Deus cuja maior alegria é estar com você.*

Não sei se seu passado ainda causa mágoa em você hoje, amiga querida. Talvez se sinta derrotada e desencorajada. De cabeça baixa, envergonhada. Mãos flácidas caídas ao lado do corpo como os filhos de Israel. Ou talvez o que enfrentou deixou seu coração enfurecido. Punhos cerrados. Queixo levantado em desafio. E o coração preparado para combater qualquer pessoa que tente feri-la de novo.

Mas sei que a única coisa que pode deter o desespero, as incertezas e , as inseguranças é perceber que aqueles que nos rejeitam injustamente estão expondo suas próprias mágoas muito mais do que fazendo uma declaração definindo você. Quero lembrá-la de que o fato de terem projetado a mágoa em você não significa que você tenha de carregar isso pelo resto da vida ou deixar que isso a defina de alguma forma. O que essas pessoas fazem não significa que você só merece migalhas de amor dos outros. Você é plenamente conhecida e plenamente amada por um Deus cuja maior alegria é estar com você.

Oro para que essas verdades inundem seu coração, como inundam o meu, com paz. A paz que lhe dá permissão para viver como é amada.

Porque você é amada.

Profundamente. Abundantemente. E por alguém que não falha.

Senhor, obrigada por lutares por mim e te deliciares em mim. Mesmo quando me sinto rejeitada e abandonada por aqueles que não me amaram bem, dá-me ouvidos para ouvir o cântico de amor que tu entoas em meu coração e em minha vida hoje. Obrigada por teu amor perfeito que nunca falha. Em nome de Jesus, amém.

12

QUANDO NEGO JESUS

*E logo o galo cantou pela segunda
vez. Então Pedro se lembrou da
palavra que Jesus lhe tinha dito:
"Antes que duas vezes cante o
galo, você me negará três vezes".
E se pôs a chorar.*

Marcos 14:72

"Deus, livra-me de minha descrença." Faço essa oração não porque não acredito que Deus seja real e bom. Faço essa oração quando o que Ele permite em minha vida não parece bom, ou seja, não parece bom para mim. E quando imaginamos saber o que um Deus bom faria, e Ele não age como esperamos? É quando tudo começa a ficar um pouco complicado. É o ponto em que as dúvidas se formam e a decepção nasce. O ponto em que podemos ficar tentadas a nos afastar de Deus com um coração desconfiado.

Não posso deixar de pensar que Pedro — um homem que chegou a declarar corajosamente a Jesus: "Mesmo que seja preciso que eu morra contigo, nunca te negarei" (Marcos 14:31), mas depois viu-se fazendo exatamente o contrário do que ele havia declarado.

Examinemos mais de perto a história de Pedro em Marcos 14.

Vemos Jesus permanecer fiel em meio ao sofrimento, ao turbilhão da traição de um amigo amado (v. 43-45) e ao interrogatório do sumo sacerdote (v. 53-65), ao passo que encontramos Pedro com fé hesitante enquanto fica à espera em um pátio (v. 66-72).

Medo. Frio. Esquecimento. Pedro logo nega quem mais o ama.

Uma vez. Duas vezes. Três vezes. O canto agudo do galo anuncia a percepção chocante de que Pedro fez aquilo que havia jurado nunca fazer.

E por mais que queiramos balançar a cabeça para Pedro em reprimenda, eu, pelo menos, sei que não posso. Porque entendo o que aconteceu. Entendo mesmo. Sei como é ter intenções boas, mas a execução delas se desmantelar aos pedaços. É fácil dizer as palavras — estamos todas por Jesus e faremos o que Ele nos pedir —, mas depois, quando somos rejeitadas ou magoadas por alguém ou ficamos com medo de falhar, fica difícil viver as palavras ditas.

O medo, o sofrimento e as inseguranças podem de fato afetar nosso coração.

Esses sentimentos, com certeza, afetaram Pedro enquanto observava Jesus, aquele que ele viu realizar milagres, permitir-se ser pego e preso. Supunha-se que Jesus fosse o Rei que libertaria o povo judaico da opressão dos romanos. Como isso podia estar acontecendo? Pedro não percebeu que essa era a única maneira que ele ou todos os outros poderiam vivenciar o reinado de Jesus como Rei na eternidade.

Por isso, Pedro, em um momento de dúvida e de decepção, escolheu se distanciar de Jesus. Distanciou-se ao ponto da completa negação.

Negar algo é declarar que esse algo não é verdade. Negar a *Jesus* é dizer com outras palavras, pensamentos ou atos que não acreditamos de fato na verdade de quem Jesus diz ser nem no que Ele diz que fará.

Como isso é doloroso. Para nós. Para Jesus.

Antes de nos entregarmos ao sentimento de vergonha, no entanto, examinemos Lucas 22:61-62. Essa passagem nos transmite uma percepção um pouquinho diferente nos momentos imediatamente posteriores à negação final de Pedro: "O Senhor voltou-se e olhou diretamente para Pedro. Então Pedro se lembrou da palavra que o Senhor lhe tinha dito: 'Antes que o galo cante hoje, você me negará três vezes'. Saindo dali, chorou amargamente".

Esse olhar entre Jesus e Pedro não foi de condenação. Não foi um momento do tipo: "Eu disse a você". Acredito que os olhos de Jesus estavam cheios de compaixão por Pedro. A mesma compaixão que sente por nós hoje. Um olhar que nos convida a confiar nele e a nos aproximar mais uma vez dele.

Ó amiga. Precisamos perguntar a nós mesmas em que ponto estamos negando a verdade de Jesus em nossa vida. Em que área estamos negando a cura de Jesus? Ou negando o perdão de Jesus — para nós mesmas e para os outros? Em que ponto estamos negando a redenção de Jesus? Em que ponto estamos negando a esperança de Jesus?

> *Nada está além do alcance de Jesus.*

Nada está além do alcance do nosso Jesus. Nele, tudo é certo. Não importa o que fizemos. Não importa o que o inimigo ou as circunstâncias de nossa vida digam. Nada está além do alcance de Jesus. Hoje eu sei que, quando confessamos em que ponto podemos estar negando Jesus em nossa vida, Ele olha para nós com a mesma compaixão com que olhou para Pedro.

Assim, quando as dúvidas surgem e as decepções nos perturbam, não podemos ceder à voz de tentação do inimigo nos dizendo para não confiar em Deus. Ao contrário, devemos nos aproximar do Senhor e orar: "Não preciso entender essa situação para entregá-la em tuas mãos. Não negarei teu poder apenas porque tenho medo e não vejo evidência de tua ação no momento, Deus. Ajoelho-me em oração e peço-te ajuda para me livrar de toda e qualquer descrença. Depois, levanto-me mais uma vez e continuo aguardando a evidência de tudo que o Senhor está fazendo, seja algo pequeno ou grande".

Senhor amado, por favor, perdoa-me por sempre duvidar de ti. Perdoa-me por negar-te. Volto meus olhos para ti e declaro hoje que tu és o Cristo, aquele por quem minha alma anseia. Aquele que sofreu para que eu não tivesse de sofrer. Dá-me alívio de minha descrença. Em nome de Jesus, amém.

Uma carta de Lysa

Minha querida amiga,

Se você está agora mesmo no vale da aflição, sei como é isso. Deixe-me insuflar vida por um momento ao seu coração esgotado, despedaçado e dolorido.

Vivi os horrores em que não via nenhuma saída, mas sempre há uma saída com Deus. Fique próxima dele. Fique próxima das pessoas que amam Deus. Peça a Deus para abrir os olhos do seu coração para que possa ver as circunstâncias através das lentes da verdade dele. Da perspectiva dele. Da garantia dele. Deus a ajudará a se curar. De algum modo Ele traz o bem dessa situação e faz você atravessar esse momento.

Ele fará tudo de uma forma milagrosa. Uma forma que você não imaginaria, mas perfeitamente cronometrada e planejada.

Amo você, minha amiga. Oro por você.

13

TRÊS PERSPECTIVAS PARA VOCÊ LEMBRAR QUANDO O SEU NORMAL ESTIVER ABALADO

Aba, Pai, tudo te é possível.
Afasta de mim este cálice;
contudo, não seja o que eu quero,
mas sim o que tu queres.

Marcos 14:36

A única maneira de adormecer era mentindo para mim mesma: "Se você conseguir dormir, quando acordar vai perceber que isso é um pesadelo que logo vai terminar".

Isso, contudo, não era verdade. Na manhã seguinte, acordei e a devastação estava ali, e de uma forma ainda mais dolorosa. Alcancei as cobertas, e todos meus temores foram confirmados.

Meu marido tinha ido embora.

A morte não o levara. Não, o abalo da nossa vida normal foi uma erosão lenta que levou a um eventual deslizamento de terra, destruindo tudo de seguro em relação ao nosso relacionamento.

Essa manhã terrível aconteceu alguns anos atrás. Prometi a mim mesma que se sobrevivesse olhando meus maiores temores de frente, no fim, poderia ser uma voz de ajuda e esperança para outras pessoas lançadas em uma escuridão nunca imaginada por elas.

Assim, aqui estou. Sobrevivi. Sobrevivemos. E estamos determinados a transformar nossas cicatrizes de batalha em um clamor de batalha para ajudar as outras pessoas.

Quer você esteja combalida por uma circunstância que altera a vida quer em luta por algo que não está saindo da maneira como imaginou, sei como é dizer: "Não esperava que fosse dessa maneira". E sinto-me compelida a lhe dizer três verdades que você tem de ouvir.

1. Você não está sozinha enquanto deseja que as coisas sejam diferentes e pede a Deus para mudar sua situação.

Você sabe que até mesmo Jesus pediu a Deus para mudar sua circunstância e consertar o que Deus, com certeza, poderia consertar em um instante? Ouça estas palavras de Jesus logo antes de ser preso e, por fim, ser crucificado: "*Aba*, Pai, tudo te é possível. Afasta de mim este cálice!" (Marcos 14:36). Encontrei conforto ao lembrar a humanidade de Jesus. Sim, a divindade dele o tornava perfeito e sem pecado, mas a humanidade dele fez com que Ele sentisse o peso brutal do sofrimento humano. Ele entende a solidão, a traição e o ser devastado pelas pessoas nas quais seria capaz de confiar. Ele sabe como é ser enganado, mal-entendido, acusado falsamente e rejeitado. E porque sei que Ele sentiu o que sinto, posso confiar nele para me conduzir em minha mágoa.

2. Há um lugar no qual depositar nossa esperança, mas não é no nosso desejo pela mudança das circunstâncias.

O versículo de hoje, Marcos 14:36, não termina com o pedido de Jesus para que as coisas sejam diferentes. Termina com a declaração mais firme de confiança em Deus encontrada por mim na Bíblia: "contudo, não seja o que eu quero, mas sim o que tu queres".

Em outras palavras, Jesus tinha um forte desejo por mudança, mas tinha um desejo ainda mais forte de confiar em Deus em tudo. Isso é difícil para alguém como eu, que ama sugerir a Deus as maneiras como Ele deveria consertar minha circunstância; mas Deus me ama muito para fazer as coisas da minha forma. O plano dele é sempre melhor mesmo que eu não o entenda nem veja claramente como ele se desenrola.

3. Apesar de nossa história ter reviravoltas em vales, o plano de Deus ainda é bom.

Só Deus pode pegar uma série de circunstâncias realmente ruim e juntá-la para fazer o bem que jamais imaginei ser possível. Art e eu, por meio da nossa jornada, fomos em frente, nenhuma das minhas sugestões para consertar as coisas funcionou. O bem só vem no tempo de Deus e de maneiras inesperadas. E adquirimos, por meio do processo, uma consciência mais profunda de quem Deus é e da força que vem de realmente confiar nele. Não desista, amiga querida. Não deixe de orar. Não deixe de esperar e acreditar; mas também não acredite que o seu caminho para chegar ao outro lado da circunstância é o único. Deus tem um plano perfeito de um caminho para uma alegria renovada e um futuro redimido, um caminho que você provavelmente não consegue nem mesmo imaginar. Confie nele.

Não minto mais para mim mesma. Agora a única maneira de dormir à noite é falando a verdade: Deus está aqui. Deus está próximo. Deus é digno de nossa completa confiança em tudo.

> *Deus está aqui. Deus está próximo. Deus é digno de nossa completa confiança em tudo.*

> *Deus Pai, as circunstâncias devastadoras me deixaram muito cansada. Quando tudo na minha vida parece tão incerto, fico tentada a recuar de medo, mas quando imponho a verdade do teu amor, essa verdade me deixa esperançosa. Mesmo quando minha vida normal é abalada, agradeço a ti pela promessa de que o és o mesmo ontem, hoje e para sempre. Em nome de Jesus, amém.*

14

SALVA PELO SOFRIMENTO

*O Senhor está perto de todos os
que o invocam, de todos os que o
invocam com sinceridade.*

Salmos 145:18

Alguns verões atrás, acordei achando que seria uma segunda-feira comum, mas nada estava normal naquele dia. Sentia como se facas abrissem caminho sem misericórdia em meu interior. Nunca sentira tanta dor física antes. Ondas de náusea me faziam contorcer, o que me deixou desesperada por alívio. Tentei sair da cama, mas caí. Gritei.

Minha família me levou na mesma hora para o pronto atendimento do hospital onde todos nós esperávamos que eu encontrasse algum alívio e ajuda; mas quando o pânico deu lugar ao desespero, clamei em voz alta pela ajuda de Deus: "Leva essa dor embora! Por favor, Deus querido, leva essa dor embora!".

Ele, todavia, não a levou. Não naquele momento. Nem no momento seguinte. Nem mesmo no dia seguinte.

Seu silêncio me deixou atônita. Minha confiança nele nesses momentos começou a ficar abalada.

Continuava a imaginá-lo ali ao lado da minha cama, vendo minha angústia, assistindo meu corpo se contorcer de dor, ouvindo meus gritos, mas fazendo a escolha de não fazer nada. E não conseguia me conformar com isso.

Como Deus podia fazer isso? Como podia dizer que eu era sua filha a quem amava profundamente, mas me deixava deitada ali com dor excruciante?

Esses são pensamentos e perguntas que giravam no meu cérebro durante o tempo de dor e angústia. Acho que todas nós já fizemos perguntas como estas:

Onde tu estás, Deus?
Tu me vês?
Tu te importas?

Após os cinco dias mais longos e mais excruciantes da minha vida, veio um médico novo ao meu quarto de hospital. Ele fez um último teste e, finalmente, tivemos algumas respostas.

O lado direito do meu cólon havia se separado da parede abdominal e torcido em torno do lado esquerdo. O fluxo sanguíneo estava completamente impedido. Meu cólon tinha se distendido muitíssimo, passando dos quatro centímetros do diâmetro normal para mais de quatorze centímetros.

Onde tu estás, Deus? Tu me vês? Tu te importas?

O cólon correra o risco de romper quando estava com cerca de dez centímetros de diâmetro, ponto em que sentiria alívio da dor intensa. E é nesse exato momento em que muitos outros sofrendo com essa situação médica sentem esse alívio e dormem. O corpo deles é infectado, e eles morrem.

O cirurgião explicou que precisou fazer uma cirurgia de emergência e teria de remover a maior parte do meu cólon. Ele esperava salvar o suficiente para que meu corpo, no fim, voltasse a funcionar da maneira adequada, mas não tinha certeza se conseguiria.

Ele não tinha nem mesmo certeza se eu sobreviveria à cirurgia.

E com essa notícia amedrontadora, abracei minha família, orei com meu pastor e fui levada para o centro cirúrgico. Felizmente, a cirurgia correu bem, e semanas mais tarde enquanto me recuperava em casa, o cirurgião me telefonou. Ele recebera o relatório da massa que fora removida e não havia necessidade de nenhum tratamento adicional. No entanto, havia uma parte alarmante do relatório que ele não conseguia conciliar.

Ele disse:

— Lysa, não gosto de como as pessoas usam o termo *milagre*, mas, honestamente, é a única palavra que conheço para usar no seu caso. As células do seu cólon já estavam em estado de autólise. É nesse ponto que seu cérebro sinaliza para seu corpo começar o processo de decomposição. É o que acontece quando as pessoas morrem. Lysa, você não poderia ter chegado mais perto da morte que isso. Não sei explicar como você sobreviveu a essa situação.

Desliguei o telefone atônita.

E de repente pensei nos dias antes da cirurgia quando pedi a Deus para levar embora a dor. Questionei Deus por causa da dor. Especulei como Ele podia me deixar com tanta dor. E gritei porque achei que Deus de alguma forma não se importava com meu sofrimento.

No fim, Deus havia usado a dor para salvar minha vida. Foi a dor que me manteve no hospital, exigindo mais exames dos médicos. Foi ela que me fez autorizar um cirurgião a abrir meu abdômen. Foi ela que ajudou a me salvar. Se Deus tivesse afastado a dor, eu teria ido embora, meu cólon teria rompido, meu corpo seria infectado, e eu teria morrido.

Agora tenho uma imagem completamente diferente da permanência de Deus ao lado da minha cama no hospital enquanto sofria e implorava a Ele que me ajudasse. Ele não estava me ignorando. Não, de jeito nenhum, acredito que custou cada bocado de controle sagrado nele *não* intervir e remover minha dor. Ele me amava demais para fazer exatamente aquilo que eu implorava que fizesse.

Ele sabia de coisas que eu não sabia. Ele viu a imagem completa, algo que eu não podia ver. Sua misericórdia foi muito grande. Seu amor foi muito profundo. Na verdade, Ele é um Pai bom, muito bom.

Ele não estava distante como imaginei enquanto me torcia de dor. Ele estava perto. Perto demais. Como Salmos 145:18 nos diz: "O Senhor está perto de todos os que o invocam, de todos os que o invocam com sinceridade".

> *O silêncio de Deus fazia parte do salvamento.*

Ele me amava por intermédio da dor. A dor era necessária — a dor salvadora de minha vida, agora consigo vê-la com novos olhos. Essa situação me deu uma perspectiva toda nova a respeito dos momentos em que Deus parece estar silencioso.

O silêncio de Deus fazia parte do salvamento. E oro todos os dias para que você encontre salvamento mesmo nos momentos excruciantes quando Deus parece estar silencioso. Quando você quiser se afastar, oro hoje para que tenha a coragem de prosseguir porque tem uma nova perspectiva de Deus em meio a sua dor.

Pai, conheces a angústia e o sofrimento que estou enfrentando. Ajuda-me a confiar e a acreditar que não estás distante, mas muito próximo — segurando-me, confortando-me e não me deixando por conta própria para solucionar tudo. Sei que és bom e trabalhas todas as coisas para o meu bem — até mesmo meu sofrimento. Confio absolutamente em ti para cuidar de cada detalhe da minha vida. Em nome de Jesus, amém.

15

ÀS VEZES É UM
OU DOIS VERSÍCULOS
POR DIA

*Meu filho, escute o que lhe digo; preste
atenção às minhas palavras. Nunca
as perca de vista; guarde-as no fundo
do coração, pois são vida para quem as
encontra e saúde para todo o seu ser.*

Provérbios 4:20-22

Você já se sentiu subjugada ao se sentar para ler sua Bíblia?
São tantos livros, pensamentos profundos, percepções espi-
rituais e verdades que alteram a vida — por onde começamos hoje?

Minha mesa de fazenda e eu temos uma longa história
de manhãs juntas. Pego minha Bíblia e meu diário. Afas-
to a sensação de sono me implorando para voltar para a
cama. E olho para o livro usado como minha carta de amor
de Deus.

É verdade, as palavras contidas ali são minha tábua de
salvação. Um sussurro do meu Deus. Uma nota pessoal.
Um tesouro.

É claro que nem sempre estou em um período em que leio capítulos da Bíblia de uma só vez. Há dias que exigem cada gota de energia existente em mim para abrir a Bíblia e passar um tempo com Deus. Não porque não o amo, mas porque me sinto exausta. Exaurida pelo peso de minhas circunstâncias imutáveis.

Então, nesses dias, sendo bem honesta, só consigo colocar um ou dois versículos em meu coração, para que possa viver nosso versículo do dia: "Meu filho, escute o que lhe digo; preste atenção às minhas palavras. Nunca as perca de vista; guarde-as no fundo do coração, pois são vida para quem as encontra e saúde para todo o seu ser" (Provérbios 4:20-22).

É isso que quero fazer. Quero de fato prestar atenção. Preciso ouvir bem o que Deus diz. Procuro um versículo que eu possa saborear palavra por palavra, deixando-o permear todo meu íntimo — interferindo em mim, rearranjando-me, redirecionando-me.

E oro: "Querido Deus, que planos fiz para hoje nos quais esse versículo precisa interferir? Deus, que pensamentos trouxe de ontem que esse versículo precisa realinhar com sua Palavra? E Deus, que atitudes de coração tenho carregado que esse versículo precisa redirecionar para teu propósito em minha vida?"

A Palavra divina é a cobertura protetora sobre meus planos, minha mente e meu coração. Deixe-me correr livre sem essa cobertura e, com certeza, acabarei por tropeçar em minha vulnerabilidade, minhas inseguranças e fraquezas. Por isso, Ele, com sua carta de amor, lembra-me de fazer uma pausa.

- Fazer uma pausa e deixar o Espírito Santo intervir na minha atitude natural e da carne para com minha família.

ÀS VEZES É UM OU DOIS VERSÍCULOS POR DIA

- Fazer uma pausa para que não faça a conversa girar toda em torno de mim.
- Fazer uma pausa e lembrar que nem sempre estou certa.
- Fazer uma pausa e ver as bênçãos, tantas bênçãos, e agradecer ao Senhor pelo menos uma vez a cada hora.
- Fazer uma pausa para servir, fazer uma pausa para doar, fazer uma pausa para encorajar quando todo mundo está apressado.

O livro de Provérbios tem mais a dizer sobre como o tempo para apreciar a Palavra de Deus pode nos levar a ser mudadas por sua Palavra. Por exemplo:

Meu filho, se você aceitar
as minhas palavras e guardar no coração
os meus mandamentos; se der ouvidos à sabedoria
e inclinar o coração para o discernimento; se
clamar por entendimento e por discernimento
gritar bem alto. [...]
Então você entenderá o que é justo, direito e certo,
e aprenderá os caminhos do bem (2:1-3, 9).

Não abandone a sabedoria,
e ela o protegerá; ame-a, e ela cuidará de você.
O conselho da sabedoria é:
Procure obter sabedoria;
use tudo o que você possui para adquirir
entendimento.
Dedique alta estima à sabedoria,
e ela o exaltará; abrace-a, e ela o honrará
(4:6-8).

Não precisamos nos sentir subjugadas com a enormidade e profundidade da Bíblia. Tudo bem lermos apenas um versículo ou dois hoje.

Há algo, porém, mais importante que ler as palavras do Senhor; temos de escolher recebê-las.

Há algo, porém, mais importante que ler as palavras do Senhor; temos de escolher recebê-las. E ainda mais importante, temos de vivê-las. Porque quanto mais aplicamos o ensinamento de Deus em nossa vida, mais ele passa a fazer parte de nós.

A Palavra de Deus para mim. A palavra de Deus em mim. A Palavra de Deus operando por meu intermédio. A Palavra de Deus vivida por mim. Que esse seja o ritmo da verdade em minha vida.

> *Senhor amado, ajuda-me a ver-te hoje mesmo das menores formas. Admito que às vezes fico de fato subjugada pela enormidade e profundidade da Bíblia, mas sei que me darás olhos para ver, ouvidos para ouvir e um coração pronto para receber o que preciso para hoje. Dá-me a sabedoria necessária para lidar com o que estiver no meu caminho hoje. Em nome de Jesus, amém.*

16

QUANDO AS COISAS PIORAM UM POUCO ANTES DE MELHORAREM

*Portanto, quem ouve estas
minhas palavras e as pratica é como
um homem prudente que construiu a
sua casa sobre a rocha.*

Mateus 7:24

Nos últimos dois anos, observei minha velha casa de quase trinta anos passar por vários projetos de reformas. As reformas não são para os fracos de coração. Os projetos fazem bagunça, os resultados, às vezes, demoram para tomar forma, e o processo pode parecer interminável.

E a cada assoalho arrancado, parede removida e plano posto em movimento — estou sempre atenta a tudo. Quando vi pedaços demolidos da nossa casa a ponto de ficarem irreconhecíveis e não poderem mais ser refeitos — aprendi que as reformas de casa são muito semelhantes à reforma do coração.

Anoto algumas lições importantes que aprendi com meu projeto de reforma e quero passá-las do meu diário para o seu.

1. Você tem de destruir algumas coisas antes de poder reconstruir de maneiras novas e belas.

É impossível ver a verdadeira transformação sem remover primeiro as partes danificadas e não saudáveis. As casas e as pessoas são assim. Às vezes, temos de trabalhar o que foi a fim de avançar para o que pode ser. Isso nem sempre significa que temos de remover as pessoas que não querem colaborar com os padrões mais saudáveis para nosso relacionamento, mas pode significar criarmos limites que determinam claramente os comportamentos aceitáveis e os não aceitáveis. Os limites não são estabelecidos para afastar as pessoas, mas antes para mantê-las juntas.

2. Trabalhar no alicerce não é o trabalho mais apelativo ou atraente, mas é um dos mais importantes.

Jesus falou essa verdade em Mateus 7:24-27:

> *Portanto, quem ouve estas minhas palavras e as pratica é como um homem prudente que construiu a sua casa sobre a rocha. Caiu a chuva, transbordaram os rios, sopraram os ventos e deram contra aquela casa, e ela não caiu, porque tinha seus alicerces na rocha. Mas quem ouve*

> *estas minhas palavras e não as pratica*
> *é como um insensato que construiu a*
> *sua casa sobre a areia. Caiu a chuva,*
> *transbordaram os rios, sopraram os ventos*
> *e deram contra aquela casa, e ela caiu.*
> *E foi grande a sua queda.*

Apesar de o trabalho no alicerce não ser a parte mais glamorosa da construção, é um passo tão crucial que não podemos pulá-lo.

Amo como Eugene Peterson parafraseou Mateus 7:24-25 em *A mensagem*:

> *As palavras que digo não são meros*
> *adendos ao seu estilo de vida, como a*
> *reforma de uma casa, que resulta em*
> *melhora de padrão. Elas são o próprio*
> *alicerce; a base de sua vida. Se vocês*
> *puserem essas palavras em prática, serão*
> *como pedreiros competentes que constroem*
> *sua casa sobre a solidez da rocha. A chuva*
> *cai, o rio avança e o vento sopra forte, mas*
> *nada derruba aquela construção. Ela está*
> *fundamentada na rocha.*

Construir nossa vida sobre qualquer coisa que não seja a verdade de Deus resulta em um alicerce instável — um dano para qualquer projeto de construção antes mesmo que seja iniciado. Temos de investir no trabalho necessário e duro na construção de nossa vida e de nossa fé

> *As pessoas criticam o que não entendem.*

sobre o alicerce sólido da Escritura por meio da consistência na busca diária por Deus.

3. NEM TODOS GOSTARÃO DO QUE ESTAMOS FAZENDO.

A mudança convida tanto ao elogio quanto à crítica. Às vezes, as pessoas criticam o que não entendem. Meu conselheiro, Jim, me diz com frequência: "As pessoas não sabem o que não sabem". Embora a mudança seja boa, as pessoas que não gostam de mudança serão as últimas a dizer que é boa. Apenas lembre-se de que o que sai da boca de outra pessoa é um reflexo do coração dela, não do seu.

> *Nas fases de demolição e construção iniciais, as reformas costumam piorar as coisas antes de melhorá-las e deixá-las mais bonitas. Isso também é verdade em relação à cura do coração humano.*

4. É BOM SER HUMILDE O SUFICIENTE PARA PERCEBER QUE ÀS VEZES VOCÊ PRECISA ENVOLVER PROFISSIONAIS.

Algumas coisas você consegue fazer por conta própria, mas outras não. Muitos reparos pequenos podem ser feitos sem a ajuda de um profissional, mas as reformas maiores, que exigem um trabalho mais abrangente, têm de ser feitas com cuidado por pessoas qualificadas e experientes. Isso também é verdade em relação ao trabalho emocional mais profundo em nossa vida. Há médicos, conselheiros cristãos e terapeutas treinados para trazer saúde renovada e restauração tanto ao corpo quanto à alma. Minha família e eu nos beneficiamos muitíssimo ao recorrer à ajuda de profissionais em períodos necessários, e somos muito agradecidos por termos tomado essa decisão.

5. QUEM NÃO PERDE DE VISTA O PROGRESSO QUE ESTÁ SENDO FEITO ENCONTRA ALEGRIA NO PROCESSO

E sempre é um processo. Nas fases de demolição e construção iniciais, as reformas costumam piorar as coisas antes de melhorá-las e deixá-las mais bonitas. Isso também é verdade em relação à cura do coração humano.

A reforma do coração, como a reforma de uma casa, requer diligência, paciência e muita oração; mas com Deus como nosso Mestre Carpinteiro, vivemos com garantias no processo — somos uma bela obra em progresso.

Acompanhe o progresso que vê. Seja paciente com os reveses. Celebre as vitórias, mesmo as pequenas vitórias. Empilhe as pequenas vitórias ao lado das grandes vitórias. E, por fim, você ficará contente por ter aguentado a reforma ao ver a beleza surgida de todo o trabalho duro.

Deus, ajuda-me a ter paciência para as reformas que estás fazendo em meu coração. Ajuda-me a ver, no meio da bagunça do processo, a beleza tomando forma e a alegria que pode ser encontrada ainda aqui nesse período. Em nome de Jesus, amém.

17

AS BÊNÇÃOS
DOS LIMITES

*Quem tem conhecimento é comedido
no falar, e quem tem entendimento
é de espírito sereno.*

Provérbios 17:27

Você já se viu tendo uma reação descontrolada em resposta aos atos descontrolados de alguém?

Entendo isso. É muito difícil.

Fico enlouquecida quando compartilho um discernimento bíblico com alguém que amo e, depois, a pessoa vai embora e faz o oposto. Minha reação a isso não é ser dramática nem excessivamente emocional... apenas tento nos salvar do acidente iminente que vejo claramente a nossa frente!

Um exemplo perfeito seria os saquinhos do tamanho de dois galões cheios de papéis que estão sobre a minha cômoda. Por que tenho pacotes de papéis rasgados? Fico feliz por você perguntar.

Alguns eram documentos importantes enviados certo dia pelo correio. Em minha defesa, meu nome estava no envelope. Mas no instante em que comecei a ler o conteúdo, minha pressão sanguínea subiu como um foguete. Alguns dos membros da minha família estavam indo adiante com algo que eu discordava profundamente. Tinha expressado meus motivos para acabar com essa ideia. Não conseguia acreditar que não tinham me ouvido.

Pensando bem, eu devia apenas tê-los lembrado do meu limite para não os salvar financeiramente se a decisão que estavam tomando fosse tão prejudicial quanto eu achava que seria.

Em vez de fazer isso, apenas fiquei ali parada na minha cozinha e, aos poucos, cortei os papéis em pedacinhos tão pequenos quanto pude. Também piquei as pastas e os envelopes em que vieram. Amontei calmamente toda a bagunça em sacos sobre o balcão com um bilhete que dizia: "Isso é tudo que tenho a dizer sobre essa situação".

Senti-me tão bem naquele momento, mas na manhã seguinte, levantei-me e pensei: "*É verdade,* Lysa? É verdade mesmo?!". Tudo que os meus familiares me disseram foi: "Uau, você fez uma baita declaração". Agora era eu quem tinha de pedir desculpas e imaginar uma forma de dizer à empresa que os papéis que eu piquei acidentalmente, de propósito, em um momento de loucura, precisavam ser reenviados. E quando fiz isso, a moça que trabalhava na empresa me disse que lera recentemente um dos meus livros. Perfeito. Maravilha. Arre!

> *O autocontrole não pode depender de nosso esforço para controlar os outros.*

O autocontrole não pode depender de nosso esforço para controlar os outros.

Sei que exagero bastante quando mudo das palavras calmas para o discurso raivoso. Mudo da bênção para a maldição. Mudo da paz para o caos. Mudo da discussão sobre os papéis para picá-los em pedacinhos e, depois, colocá-los em sacolas.

O que tenho de fazer em resposta a situações que parecem tão fora de controle que me fazem perder o equilíbrio?

Estabelecer limites. Mencionei esta sentença na mensagem devocional anterior, mas vale a pena repeti-la: os limites não são estabelecidos para afastar as pessoas, mas antes para mantê-las juntas.

A verdade é que, sem bons limites, as escolhas ruins dos outros acabam com a sua capacidade espiritual para a compaixão. Sem mencionar o fato de que em algum momento você ficará tão exausta e esgotada que perderá o equilíbrio porque as pessoas estão fora de controle. Você sacrifica sua paz no altar do caos delas. Logo você chega a um estado de urgência desesperada para fazê-las parar. Agora! Agora mesmo! E todas nós sabemos que os atos de desespero estão de mãos dadas com a degradação. Prego para mim mesma porque, em momentos de total frustração e exaustão, quando não me mantenho dentro dos limites apropriados, tenho a tendência de minimizar quem sou de fato.

Tudo isso me faz pensar no versículo de hoje: "Quem tem conhecimento é comedido no falar, e quem tem entendimento é de espírito sereno" (Provérbios 17:27).

Quando entendemos que só Deus pode realizar uma mudança verdadeira no coração e na vida de outra pessoa, isso nos livra de todas nossas tentativas de controlá-las, tentativas essas induzidas pelo pânico. Podemos amá-las, orar por elas, tentar compartilhar sabedoria piedosa com elas, mas não temos de abandonar nossa gentileza proferindo palavras impulsivas de raiva e ressentimento. Não temos de abrir mão de nossa atitude de reconciliação com atos de retaliação. Podemos usar nossas palavras com moderação e permanecermos calmas porque, em última análise, estamos confiando-as ao Senhor.

Sei que isso não é fácil, querida amiga, mas é sábio.

É por causa da nossa sanidade que traçamos os limites necessários. É por causa da estabilidade que permanecemos consistentes com esses limites. E é com um coração humilde que a manutenção desses limites se torna uma possibilidade.

Senhor, por favor, perdoa-me por todas as vezes que tentei tomar teu lugar na vida das pessoas que amo. Hoje, entrego-as em tuas mãos. Tu és o Salvador, não eu. Mostra-me qualquer área em que preciso traçar limites saudáveis e ajuda-me a mantê-los com humildade e amor. Em nome de Jesus, amém.

18

ONDE ESTÁ MEU "FELIZES PARA SEMPRE"?

*Busquem, pois, em primeiro lugar o
Reino de Deus e a sua justiça, e todas
essas coisas lhes serão acrescentadas.
Portanto, não se preocupem com o
amanhã, pois o amanhã trará as suas
próprias preocupações. Basta a cada dia
o seu próprio mal.*

Mateus 6:33-34

Fico muito inquieta quando estou incerta a respeito do futuro. Suspeito que muitas de vocês também enfrentem circunstâncias que as deixam se sentindo assustadas e inseguras a respeito do que o amanhã reserva. Tantas vezes me vejo me preparando para o impacto quando examino meu suprimento diário de notícias. Se há uma palavra que parece a mais certa para descrever o momento que estamos vivendo é "incerteza".

Talvez você esteja em um trabalho no qual se sinta inquieta e acha que Deus a guia para outro lugar, mas Ele ainda não revelou o que vem a seguir. Portanto, você, no momento, vai para um escritório todos os dias e faz seu melhor, mas seu coração se sente desconectado, e seu verdadeiro chamado não é cumprido.

Talvez você esteja observando as outras pessoas da sua vida encontrarem o amor, caminharem na nave da igreja e começar a vida com que você sonha. Então, alguns meses atrás conheceu alguém que era tudo pelo que você esperava. Disse para suas amigas que esse era o "cara". E, depois, esta semana sentiu essa pessoa dando para trás. É difícil de entender. Você ficou em pânico; e quanto mais você pressiona, mais sente aumentar a distância entre vocês dois.

Há milhares de cenários que evocam esses sentimentos de incerteza, medo e exaustão de a vida não ser como você achava que seria.

Seja qual for sua situação, você provavelmente sente como se não pudesse mudá-la, mas ainda tem de sobreviver à realidade do que está acontecendo neste momento. Às vezes, você tem apenas de entrar no seu modo "não sei".

O Senhor deixa claro em sua Palavra que, nesta vida, os fatos nem sempre acontecem como gostaríamos que fossem. Veja algumas citações que ouvimos com frequência:

"Neste mundo vocês terão aflições"
(João 16:33).

"Basta a cada dia o seu próprio mal" .
(Mateus 6:34).

Toda essa aflição é cansativa. Entrar no modo "não sei" é amedrontador. E ficamos às vezes desesperadas para tornar as coisas mais fáceis do que realmente são.

Ficamos pensando, se conseguirmos simplesmente superar essa circunstância, a vida vai se estabilizar e, por fim, a frase "felizes para sempre" vai aparecer na cena gloriosa de nós dançando felizes ao pôr do sol.

E se a vida se estabilizar e todas as suas decepções forem embora for o pior que poderia acontecer a você?

E se o modo "não sei" estiver ajudando você, em vez de prejudicá-la?

Lembra-se dos versículos que acabamos de ler a respeito de problemas? Veja-os de novo, agora no contexto da passagem completa:

"Eu lhes disse essas coisas para que em mim vocês tenham paz. Neste mundo vocês terão aflições; contudo, tenham ânimo! Eu venci o mundo" (João 16:33).

"Busquem, pois, em primeiro lugar o Reino de Deus e a sua justiça, e todas essas coisas lhes serão acrescentadas. Portanto, não se preocupem com o amanhã, pois o amanhã trará as suas próprias preocupações. Basta a cada dia o seu próprio mal"
(Mateus 6:33-34).

O detalhe crucial para termos paz em meio a tudo que enfrentamos é permanecermos próximas do Senhor.

Achamos que queremos conforto nos momentos "não sei" da vida, mas o conforto não é a solução a se buscar; antes é um subproduto que colhemos quando permanecemos próximas do Senhor.

mas o conforto não é a solução a se buscar; antes é um subproduto que colhemos quando permanecemos próximas do Senhor.

Gostaria de poder prometer que tudo ficará como você espera que fique, mas não posso fazer isso, é claro. O que posso prometer a você é isto: Deus está próximo de nós mesmo em nossos períodos no modo "não sei". Deus tem lições para nós de suma importância para nosso futuro, e as aprendemos durante nossos períodos no modo "não sei". Deus tem a força com a qual deve nos preparar, e o campo de treinamento é aqui, no modo "não sei".

Clamemos a Deus declarando que esse período difícil será um período santo, um tempo próximo de Deus. E escolhamos acreditar que o bem está acontecendo, mesmo nesses períodos. Porque onde Deus está, o bem está sendo operado.

Deus Pai, preciso mais do que nunca que consertes algo em minha vida, preciso de ti. Declaro esse período difícil como um período santo. Ajuda-me a viver de uma forma que marque esse período pela proximidade contigo. Em nome de Jesus, amém.

Uma carta de Lysa

Se houver um dia em que você abaixou a cabeça por causa de algo indelicado ou uma inverdade que alguém disse a seu respeito, lembre-se disto: prove a eles que estão errados.

Você é boa.

Você é divertida.

Você é amada.

Você é ponderada.

Você é devotada.

Não caia na armadilha de retribuir dizendo coisas desagradáveis. Não revide. Fique no patamar mais alto e, por não ter de viver com o arrependimento, celebre.

Bem, viva de tal maneira que ilumine a bela realidade de quem você é e de que Jesus está em você.

No fim, as pessoas verão a verdade.

Lysa

19

QUANDO PARECE DIFÍCIL DAR GRAÇAS

*O seu falar seja sempre agradável e
temperado com sal, para que saibam
como responder a cada um.*

Colossenses 4:6

A Palavra de Deus pode parecer às vezes uma ordem impossível de ser cumprida, você não acha? Veja, por exemplo, a passagem em que Paulo nos diz que nossas palavras têm de ser graciosas. A parte principal de nossas palavras tem de ser composta de graça em relação à pessoa com quem conversamos.

Não graça parcial. Não graça incompleta. Plena graça.

Não sei se você já tentou fazer isso, mas é difícil.

É complicado quando uma das pessoas preciosas que vivem em nossa casa faz algo irresponsável pela décima vez! É triste quando uma amiga querida em quem confiamos nos magoa muito. E é incrivelmente penoso quando as pessoas compartilham seus pensamentos e suas opiniões com excessiva liberdade e descuido nas redes sociais, fazendo com que você se sinta frustrada, enfurecida ou até mesmo pessoalmente atacada.

Não sei se com você também é assim, mas as palavras gentis não são tipicamente as primeiras que me vêm à mente quando as palavras perturbadoras e nocivas de alguém entram como um punhal em meu coração. Quero me defender e apontar como compreenderam de forma equivocada as minhas intenções.

O fato de ser difícil falar com graça, no entanto, não quer dizer que seja impossível. E as palavras de Paulo na carta aos Colossenses nos lembram de que nossas palavras importam.

Nossas palavras importam.

Paulo queria especificamente que considerássemos nossas palavras à luz dos descrentes ao nos dizer em Colossenses 4:5-6: "Sejam sábios no procedimento para com os de fora; aproveitem ao máximo todas as oportunidades. O seu falar seja sempre agradável e temperado com sal, para que saibam como responder a cada um".

E veja como Jesus moldou a graça e a verdade na passagem de João 1:14 que diz: "Aquele que é a Palavra tornou-se carne e viveu entre nós. Vimos a sua glória, glória como do Unigênito vindo do Pai, cheio de graça e de verdade". Cada circunstância no Novo Testamento em que vemos graça e verdade juntas é sempre ligada a Jesus.

Temos de ser pessoas que usam palavras de verdade repletas de graça. Pessoas que escolhem palavras de cura e auxílio. Porque os crentes, assim como os descrentes, ouvem atentamente as palavras ditas por nós, quer percebamos, quer não. Leem as palavras que escrevemos. E nossas palavras testificam o tipo de relacionamento que temos com Jesus e o efeito que Ele tem em nosso coração.

Assim, qual é o lugar da esperança diante das palavras que fazem nosso pulso acelerar e nosso rosto corar? Como manter nossas palavras repletas de graça?

Lembremos que Jesus não nos oferece graça parcial. Ele não nos oferece graça incompleta. Jesus deu, e continua a dar, a plena graça. A graça que o guiou durante todo o caminho até a cruz.

Ó como precisamos deixar que essa verdade nos interrompa e nos redirecione. A graça divina que recebemos de Cristo tem de alimentar nossa natureza graciosa e encher as nossas palavras. Como somos pessoas que precisam desesperadamente de graça, temos de ser pessoas que distribuem graça em profusão.

> *Jesus não nos oferece graça parcial... A graça que o guiou durante todo o caminho até a cruz.*

E não temos de ser graciosas apenas em nossa fala. Paulo também nos diz que nossas palavras têm de ser "temperadas] com sal". Na tradição rabínica, essa frase é associada com a sabedoria. Na literatura greco-romana, a frase significava ser "cativante e espirituoso" na fala. Paulo lembra os colossenses que são chamados a ser pessoas cheias de devota sabedoria; capazes de responder às objeções ao evangelho de uma forma cativante. Ele queria que as palavras deles, e as nossas, atraíssem as pessoas para Cristo, não que as repelisse.

Não sei quem põe a graça à prova em sua vida, mas sei que o Espírito Santo está disposto a nos ajudar a escolher palavras cheias de graça se apenas pararmos tempo suficiente para Ele substituir as primeiras palavras que podem pipocar em nossa mente.

Antes mesmo disso, podemos decidir de antemão que hoje, por causa da profusão de graça de Jesus, escolhemos o caminho da graça. Podemos falar, com a ajuda dele, com honra em meio à desonra lançada contra nós. Podemos falar coisas boas em situações ruins.

Ó Senhor, que isso seja verdade para nós. Que nossas palavras mostrem que conhecemos Jesus, que o amamos e passamos tempo com Ele.

Deus Pai, quero parar por um momento e agradecer a ti por teu Filho, Jesus. Ele poderia ter-nos privado da graça dele, mas, em vez disso, escolheu derramar por mim na cruz cada gota de graça. Assim, lembra-me de dar graças porque preciso desesperadamente dela, mesmo quando isso parecer muito difícil e, honestamente, às vezes imerecido para com as pessoas com quem me relaciono. Em nome de Jesus, amém.

20

PERDÃO: A PALAVRA DE DOIS GUMES

Sejam bondosos e compassivos uns para com os outros, perdoando-se mutuamente, assim como Deus os perdoou em Cristo.

Efésios 4:32

Você já se viu definindo a vida antes e depois de uma mágoa profunda?

O período aterrador. A conversa que a deixou atônita. O chocante dia da descoberta. O divórcio. A morte injusta tão imprevisível que você ainda não consegue acreditar que aconteceu. O colapso. O dia em que sua amiga foi embora. A conversa odiosa. O comentário que agora parece estar impresso em sua alma. O dia em que tudo mudou.

Aquele momento marcado no tempo. A vida antes. A vida agora. Será que é possível sequer seguir adiante depois de algo assim? É possível sequer criar uma vida bela de novo?

Entendo do fundo do meu coração esse tipo de definição de devastação de uma forma muito pessoal. Eu, como você, não queria ter uma compreensão pessoal desses sentimentos, mas tenho.

Se você já leu meu livro *Não era para ser assim* [United Press, 2019], sabe da descoberta avassaladora do caso do meu marido Art e da longa estrada de incerteza que percorri até o fim daquele livro. Os anos de mágoa infernal que se seguiram à descoberta, por fim, deram uma virada inesperada em direção à reconciliação. Sou grata, mas como já compartilhei com você nestas páginas, não fui poupada do trabalho vagaroso e duro de encontrar um caminho de novo depois de vivenciar algo que marcou para sempre minha vida.

Quando seu coração é despedaçado e remodelado em algo que ainda não parece normal em seu interior, a palavra "perdão" parece um pouco irrealista para entrar na conversa.

Ainda assim, amiga, posso lhe dizer algo que estou aprendendo? Sem exigir nada de você, mas antes oferecendo a você um convite a entrar no processo comigo hoje?

O perdão é possível, embora nem sempre você sinta que sim.

É uma palavra de dois gumes, certo?

É difícil de conceder. Maravilhoso de se obter. Mas quando recebemos perdão tão livremente do Senhor e nos recusamos a perdoar, algo pesado começa a tomar forma em nossa alma.

É o peso do perdão que não teve permissão para passar através de mim. E isso principalmente porque entendi de maneira equivocada algo tão incrivelmente profundo a respeito do perdão.

> *O não perdoar é esse sentimento pesado em minha alma porque não deixei que o perdão fluísse para mim, através de mim.*

O não perdoar é esse sentimento pesado em minha alma porque não deixei que o perdão fluísse para mim, através de mim.

O perdoar não é algo difícil que temos a opção de fazer ou não. O perdão é algo conquistado com dificuldade do qual temos a oportunidade de participar.

Nossa parte no perdão não é o desespero em que temos de nos esforçar com dentes e punhos cerrados. Não é o choro por causa de todos os motivos que temos para ficar furiosa, ferida e horrorizada com o que fizeram. Era isso que pensava antes a respeito do perdão e, depois de me tornar alguém que foi ferida, não conseguia imaginar ter de passar por ainda outro processo.

E quando penso erroneamente que o perdão aumenta e diminui em consequência de todos os meus esforços, da maturidade conjurada, da resistência comandada e dos sentimentos gentis, ele parece real em um momento e falso no seguinte. Nunca sou capaz de dar genuinamente o tipo de perdão que Jesus me dá.

Minha capacidade de perdoar os outros aumenta e diminui ao me apoiar no que Jesus já fez, o que permite que sua graça para mim flua livremente através de mim (Efésios 4:7).

O perdão não é um ato da minha determinação.

O perdão só se torna possível se eu cooperar.

A cooperação é o que eu estava esquecendo. A cooperação com o que Jesus já fez torna versículos como os de Efésios 4:32 possíveis: "Sejam bondosos e compassivos uns para com os outros, perdoando-se mutuamente, assim como Deus os perdoou em Cristo".

"Perdoando-se mutuamente, assim como Deus os perdoou em Cristo." Deus sabia que eu não podia fazer isso por mim mesma. Por isso, Ele criou uma forma que não depende da nossa força. Uma forma de perdoar. Uma forma de nos agarrar aos braços estendidos de Jesus, ensanguentados pela crucificação, gotejando redenção. Ele perdoa o que nunca seríamos boas o bastante para fazer da maneira correta. E cria uma forma para simplesmente cooperarmos com Ele no trabalho do perdoar... para recebermos o perdão e perdoarmos.

Seu coração é um lugar bonito demais para um sofrimento não curado.

Essas pessoas — causaram sofrimento suficiente a você, a mim e a todos a nossa volta. O dano foi considerável. Você, no entanto, não tem de ser refém do sofrimento. Pode decidir como seguirá adiante. Se você tiver propensa a se afundar na dor e abraçar os sentimentos de resistência, algo que também senti, deixe-me lhe garantir isto: o perdão é possível e é bom.

Por isso, quero que você se apoie aqui por um momento e pense na possibilidade em torno dessa palavra de dois gumes, "perdão". Não porque seu sofrimento não importa. Não porque o que fizeram estava certo. Não porque isso conserta tudo; mas porque seu coração é um lugar bonito demais para um sofrimento não curado. Sua alma é muito digna de liberdade para ficar presa na ausência de perdão.

Deus, obrigada por importares com meu sofrimento e não me deixares sozinha nas situações difíceis que enfrento. Mostra-me como posso cooperar com o perdão hoje. Ajuda-me a continuar dando passos nessa jornada de cura. Em nome de Jesus, amém.

21

POR FAVOR, NÃO ME DÊ UMA RESPOSTA CRISTÃ

Jesus chorou.

João 11:35

Amo Jesus. Amo Deus. Amo a verdade dele. Amo as pessoas.

Eu não amo, no entanto, as respostas cristãs padronizadas. Aquelas que amarram tudo em um laço bonito e perfeito e tornam a vida um pouquinho certinha demais. Porque não há nada certinho a respeito de alguns fatos horríveis, tristes e tão incrivelmente maus que acontecem em nosso mundo caído.

E Deus me ajude se acho que estou deixando as coisas melhores ao inventar um dito cristão para acrescentar ao diálogo. Deus certamente não precisa de pessoas como eu — com perspectiva, entendimento e profundidade limitados — tentando dar sentido a coisas que simplesmente não fazem sentido.

Há um lugar para a verdade de Deus em tudo isso? Claro que sim, absolutamente sim. Mas temos, vejam bem, de deixar Deus nos guiar. No tempo, da maneira, e no amor dele.

E quando as coisas estão horríveis, talvez devêssemos apenas dizer: "Isso está horrível". Quando as coisas não fazem sentido, não podemos nos esquivar de simplesmente dizer: "Isso não faz sentido". Porque há uma diferença entre uma palavra errada no momento errado e uma palavra certa no momento certo.

> *E quando as coisas estão horríveis, talvez devêssemos apenas dizer: "Isso está horrível".*

Quando minha irmã morreu de uma forma terrivelmente trágica, foi porque o médico prescreveu um remédio que jamais fora dado para criança alguma. Esse fato desencadeou uma série de eventos que no fim colocou minha família diante de um caixão rosa drapeado com rosas.

Chorando.

Sofrendo.

Precisando de tempo para lutar com o pesar, a raiva e a perda.

E minha alma inexperiente ficava enfurecida quando as pessoas tentavam juntar os pedaços estilhaçados da nossa vida dizendo algo como: "Bem, Deus precisava de outro anjo no céu". Declarações como essa, além de teologicamente equivocadas, pegam os cacos do meu pesar e os afundam ainda mais no meu coração já partido.

Entendo por que dizem coisas assim. Querem dizer algo — qualquer coisa — para melhorar a situação. A compaixão das pessoas as compele a se aproximar.

E eu as queria ali. E, depois, não mais.

Tudo era uma contradição. Podia chorar histericamente em um momento e rir no seguinte. E, em seguida, sentia-me tão mal por ousar rir que queria amaldiçoar a vida. E, depois, entoava um cântico de louvor. Queria sacudir os punhos para Deus e, mais tarde, lia suas Escrituras durantes horas.

Não há nada certinho a respeito de tudo aquilo.

O que sei agora que gostaria de ter sabido na época é que Jesus entende como é sentir profundamente as emoções humanas, como o pesar e o sofrimento. Vemos isso em João 11:32-35 quando Jesus recebe a notícia que seu querido amigo Lázaro falecera:

> *Chegando ao lugar onde Jesus estava e vendo-o, Maria prostrou-se aos seus pés e disse: "Senhor, se estivesses aqui meu irmão não teria morrido".*
> *Ao ver chorando Maria e os judeus que a acompanhavam, Jesus agitou-se no espírito e perturbou-se.*
>
> *"Onde o colocaram?", perguntou ele.*
>
> *"Vem e vê, Senhor", responderam eles.*
>
> *Jesus chorou.*

Isso mesmo, Jesus chorou e pranteou com seus entes queridos naquele momento de pesar devastador. E o fato de Ele poder identificar-se com meu pesar é muito reconfortante para mim. Ele nos encontra em nossa dor. E podemos trazer a esperança prometida por ele e o conforto que ele supre quando os outros também estão pesarosos.

Quer saber a melhor coisa que me disseram em meio ao meu pesar?

Eu estava de pé, rodeada por todas aquelas lágrimas caindo em vestidos e ternos pretos, naquele dia cinzento do funeral. Meus calcanhares estavam afundando na grama, e eu olhava para um monte de formigas. As formigas corriam como loucas ao redor das pegadas que esmagaram a casa delas.

que Jesus entende como é sentir profundamente as emoções humanas, como o pesar e o sofrimento.

Eu estava me perguntando que, talvez, se eu ficasse ali naquele monte e deixasse elas me picarem um milhão de vezes, essa dor me distrairia da dor da minha alma. Pelo menos, eu saberia como abrandar a dor física.

De repente, uma menininha de tranças pulou do meu lado e exclamou: "Odeio formigas".

E aquela foi de longe a melhor coisa que alguém disse naquele dia. Porque ela apenas entrou exatamente no lugar em que eu estava. Percebeu qual era meu foco naquele momento e disse algo básico. Normal. Óbvio.

É claro, há sempre um lugar para uma resposta cristã sólida de amigas bem-intencionadas. Isso é absolutamente verdadeiro; mas há também um lugar para chorar com uma amiga quando a dor atinge o mais fundo de sua alma. Um tempo em que nenhuma palavra pode de fato ajudar a diminuir a dor.

Deus, ajude-nos a saber a diferença.

Deus amado, sei que és o único que podes trazer conforto para situações aparentemente impossíveis. Obrigada por me confortares em meu sofrimento de modo que eu possa confortar os outros que também estão em sofrimento. Em nome de Jesus, amém.

22

QUANDO DEUS LHE DÁ MAIS DO QUE VOCÊ CONSEGUE SUPORTAR

*De fato, já tínhamos sobre nós a
sentença de morte, para que não
confiássemos em nós mesmos, mas em
Deus, que ressuscita os mortos.*

2Coríntios 1:9

Você já ouviu a declaração: "Deus não lhe dá mais do que você consegue suportar"?

Enquanto escrevo estas palavras, sei que não sou a única que sente que, às vezes, recebeu mais do que pode suportar.

Senti isso profundamente quando fui diagnosticada com câncer e, como disse a você em uma mensagem devocional anterior, já atravessava um período incrivelmente difícil. Senti como se algum tipo de engano terrível tivesse sido cometido. Não tinha histórico familiar de câncer de mama. Era razoavelmente jovem e saudável.

E, ainda assim, lá estava eu pensando: "Deus... isso definitivamente parece ser mais do que consigo aguentar".

Deus diz que não permitirá que sejamos tentadas além do que conseguimos suportar e que sempre nos dá uma saída (1Coríntios 10:13); mas isso não é a mesma coisa que Deus não nos dar mais do que podemos suportar.

Deus não causou o meu câncer, mas o permitiu. E, às vezes, Ele permite mais e mais. O mundo está repleto de pessoas que lidam com mais do que conseguem suportar. E a Bíblia, surpreendentemente, também está repleta dessas pessoas.

> *Deus não causou o meu câncer.*

O apóstolo Paulo escreveu:

> *Irmãos, não queremos que vocês desconheçam as tribulações que sofremos na província da Ásia, as quais foram muito além da nossa capacidade de suportar, ao ponto de perdermos a esperança da própria vida. De fato, já tínhamos sobre nós a sentença de morte, para que não confiássemos em nós mesmos, mas em Deus, que ressuscita os mortos (2Coríntios 1:8-9).*

Não, Deus não espera que lidemos com essa situação. Ele quer que a entreguemos para Ele.

Ele não quer que caminhemos por nossa própria força. Quer que dependamos só de sua força.

Se continuarmos dando voltas, pensando que Deus talvez não esteja nos dando mais do que podemos suportar, passamos nós mesmas a suspeitar de Deus. Sabemos que enfrentamos situações que são demais para nós.

Tive, após meu diagnóstico, alguns dias realmente difíceis. Precisava que Deus me mostrasse sua perspectiva para que eu pudesse ajustar minha perspectiva. Só que isso não aconteceu na mesma hora, o que me frustrou. Estava com muito medo e tinha muitas perguntas, como: "por que isso? Por que agora? Por que eu?".

Não, Deus não espera que lidemos com essa situação. Ele quer que a entreguemos para Ele.

Comecei a contar para mim mesma a história de que a vida não ficaria melhor.

Mas pensar em tudo que eu desconhecia não me levaria a lugar algum. Então, comecei a enumerar fatos que eu conhecia. E qual é o principal fato que conheço? Sei que Deus é bom. Eu não conhecia os detalhes do bom plano de Deus, mas podia tornar a bondade dele o ponto de partida para renovar minha perspectiva.

Bem, agora deixe-me contar a história dos eventos recentes em minha vida usando a bondade de Deus como o tema central. Se alguns fatos em meu casamento não viessem à tona com alguns meses de antecedência, nunca teria dado uma parada na vida e feito mamografia. Como fiz a mamografia no momento certo, os médicos pegaram o câncer no ponto em que precisava ser detectado e, graças a isso, tinha todas as chances de vencê-lo.

Pela graça de Deus, vivo hoje livre do câncer. Sou tão agradecida e sinto-me tão aliviada e tão profundamente comovida por todas as orações que me sustentaram naquele período.

Assim, se hoje você se vê com algo a sua frente que sente ser mais do que pode suportar, por favor, saiba que oro por você. Oro por você enquanto passa por coisas difíceis. Quer sua situação seja de câncer quer não, todas temos circunstâncias que parecem impossíveis, difíceis demais.

Veja, todas nós vivemos uma história, mas há também a história que contamos para nós mesmas. Só precisamos ter certeza de contar a nós mesmas a história certa. Verdade, Deus nos dará mais do que podemos suportar, mas Ele sempre tem um bem eventual em mente.

Não temos de gostar desse fato, mas talvez o conhecimento dessa verdade nos ajude a atravessar a situação.

Senhor amado, escolho entregar a ti hoje todas as coisas que não entendo. Sinto-me subjugada, mas declaro tua bondade em cada uma das situações vividas hoje. Intercepta as histórias que conto para mim mesma e que não se alinham com tua verdade. Em nome de Jesus, amém.

23

UM INESPERADO FIO DE ESPERANÇA

Purifica-me com hissopo, e ficarei puro; lava-me, e mais branco do que a neve serei.

Salmos 51:7

As consequências do pecado podem ser devastadoras. O rei Davi conheceu essa verdade pessoalmente.

O salmo 51 foi escrito por Davi depois que ele foi confrontado a respeito de um romance adúltero que teve com uma mulher chamada Bate-Seba. Davi ficou horrorizado por quão longe de Deus seu pecado o levou. Houve consequências que não poderiam ser desfeitas. O marido de Bate-Seba, Urias, foi morto. E o bebê que Bate-Seba concebeu com Davi (durante esse adultério) morreu.

Esse homem segundo o coração de Deus (1Samuel 13:14) ficou totalmente desapontado consigo mesmo, mas fez exatamente o que todas nós precisamos fazer. Ele entregou seu pecado e sofrimento para Deus. Convidou a esperança para entrar em uma situação que ele poderia rotular facilmente como irremediável. Acredito ser a vontade de

Deus que saibamos hoje que ainda há esperança também em meio a nossos problemas.

O que pode acontecer hoje se convidarmos a esperança de Deus para uma situação considerada irremediável?

O salmo 51 é um belo exemplo de um homem despedaçado precisando de esperança que se voltou para Deus com confissão, arrependimento e humildade, pedindo por ajuda. Em Salmos 51:7, nosso versículo de hoje, Davi menciona uma planta muito específica ao orar: "Purifica-me com hissopo, e ficarei puro; lava-me, e mais branco do que a neve serei".

> *O que pode acontecer hoje se convidarmos a esperança de Deus para uma situação considerada irremediável?*

Lembro-me de pensar, da primeira vez que li esse versículo, que toda vez que a Bíblia menciona algo especificamente pelo nome, como o hissopo aqui, é interessante ver por que Deus permitiu que esse detalhe tão intencional fosse revelado. Perguntei-me: "Onde mais na Escritura o hissopo é mencionado de forma específica?". A resposta foi fascinante. O hissopo é uma planta coberta com belas flores púrpuras e aparece em alguns dos momentos mais profundos ao longo da história da Bíblia. Como um fio púrpuro de esperança entretecido ao longo da Bíblia:

1. O HISSOPO FOI O PINCEL NA PÁSCOA DE ÊXODO 12:22.

Em Êxodo, lemos sobre os problemas colocados sobre os filhos de Israel. Por causa de uma cadeia de eventos determinada pelo ciúme de alguns irmãos (Gênesis 27), os israelitas, por fim, terminaram sendo mantidos cativos no Egito. Deus enviou Moisés para pedir ao faraó para libertar seu povo, mas o coração do faraó foi endurecido. Em seguida, muitas pragas foram enviadas ao Egito, mas só quando Deus enviou a praga sobre o primogênito das famílias dos homens e dos animais foi que o faraó mudou de ideia.

Deus, porém, a fim de poupar o primogênito dos filhos de Israel, disse que deviam pintar o batente da porta de casa com o sangue de um cordeiro. E o instrumento a ser usado, conforme a orientação divina muito específica, foi um ramo de hissopo.

2. O HISSOPO FOI O INSTRUMENTO DE PURIFICAÇÃO EM SALMOS 51:7.

Davi clamou a Deus e pediu-lhe para usar o hissopo para lidar com os problemas nele.

Por que o hissopo?

Uma leitura rápida de Levítico 14 revela que o hissopo era usado para pessoas com lepra — doença de pele que fazia com que seu portador fosse banido e colocado fora da cidade.

Davi era em essência alguém precisando ser purificado. Lembre-se de que o pecado nos separa de Deus. Assim como as pessoas com alguma doença de pele infecciosa eram separadas, também o somos quando pecamos. Estamos fora da vontade de Deus quando vivemos com um coração impenitente.

Davi precisava que Deus o purificasse de seu pecado, e nós também precisamos dessa purificação. O que nos remete à última menção do hissopo sobre a qual falaremos agora.

3. O HISSOPO ESTAVA PRESENTE QUANDO JESUS SE TORNOU A PROMESSA CUMPRIDA EM JOÃO 19:29.

Se nos voltarmos para João 19, vemos que o hissopo é uma das últimas coisas com que Jesus interagiu nesta terra.

Quando Jesus estava pendurado na cruz, ele disse que estava com sede. Então, lemos em João 19:29: "Estava ali uma vasilha cheia de vinagre. Então embeberam uma esponja nela, colocaram a esponja na ponta de um caniço de hissopo e a ergueram até os lábios de Jesus". Em seguida, Ele declarou: "Está consumado", e deu seu último suspiro (v. 30).

Amo como o hissopo liga todos esses momentos e nos aponta diretamente para a esperança que temos em Jesus. O hissopo estava ali, como um pincel, na Páscoa. O hissopo estava ali como o instrumento de purificação de Davi. E estava ali quando Jesus passou a ser o supremo Cordeiro Pascal, provendo o meio para sermos limpos e purificados de todo pecado.

Oh, como oro para termos esse fio púrpuro feito de esperança em nossa história hoje. Jesus é a resposta para os problemas colocados para nós e para os problemas encontrados em nós. E por sabermos que nunca somos pessoas sem esperança, sempre podemos ver a beleza à nossa frente.

Senhor, trazemos todos os nossos problemas e precisamos de ti hoje, sabendo que és a resposta. Obrigada pela esperança que temos em ti por causa de tua vitória na cruz. Em nome de Jesus, amém.

24

UM ROTEIRO
PARA PREGAR PARA
MIM MESMA

*Eles o venceram pelo sangue do
Cordeiro e pela palavra do testemunho
que deram; diante da morte, não
amaram a própria vida.*

Apocalipse 12:11

Jamais me esqueço da primeira vez que uma menina na escola fundamental me disse que eu era feia.

Lembro-me de ter sentido como se o mundo tivesse parado de girar e, de repente, todos estavam olhando para mim e assentindo com a cabeça. Minhas bochechas ficaram muito vermelhas. Corri para o banheiro. Olhei meu rosto no espelho. Não me incomodei em limpar as lágrimas e o ranho que escorria do nariz. Apenas fiquei ali desejando esconder o que quer que tenha feito a menina decidir que eu não era aceitável.

Eu percebi, no entanto, que não era apenas uma parte de mim que ela achava feia. Era eu inteira. Na avaliação dela, eu era feia. Não só meu cabelo, meu nariz ou meu corpo... era eu por inteiro. E a parte mais triste de tudo... eu concordava com ela.

Passaram-se décadas desde esse incidente infeliz que dizia mais sobre os problemas da outra menina que de mim mesma, mas ainda me pego olhando-me no espelho e concordando com declarações tão opostas à verdade de Deus. Sabemos que o inimigo é o pai das mentiras (João 8:44), mas é quando tropeço que minhas inseguranças fazem as mentiras dele parecerem a verdade mais estrondosa na minha mente.

Por isso, temos de focar nossa mente e nosso coração na verdade absoluta da Palavra de Deus. Quando nossas inseguranças fazem com que acreditemos "que não somos bela e maravilhosamente feitas" temos de ler as páginas repletas de esperança da Bíblia para nos lembrar da diferença entre as mentiras e a verdade.

O inimigo quer que você pare e se compare com as outras pessoas de todas as maneiras com as quais já se sente inadequada. Ele quer que você duvide da bondade de Deus na maneira como criou você. Por isso, se começar a ouvir o enredo do inimigo, reconheça-o pelo que é: acusações falsas.

Eis uma lista para lembrá-la como ele sussurra em seu ouvido:

"Se você apenas fosse..."
"Você não é suficiente..."
"Você é muito..."
"Se Deus a amasse de fato..."
"As pessoas acham você tão..."
"Por que você não pode apenas..."
"Por que ela sempre consegue..."
"Por que você não pode nunca..."

Minha doce amiga, não ajude o inimigo a levá-la a um estado de derrota por acreditar e repetir os roteiros dele.

Deus a guia com amor e com convicção, mas nunca com acusação nem com condenação.

Deus a guia com amor e com convicção, mas nunca com acusação nem com condenação. Ele não mede você pelo que você pode realizar, nem pelo tamanho de jeans que você usa, nem pela forma como seus filhos se comportam, nem, tampouco, por quanto dinheiro tem na sua conta bancária. Deus ama seu coração. Ele quer seu coração. Rejeite as mentiras e comece a ouvir àquele que a conhece completamente e a ama de forma integral.

Comecemos a pregar a verdade de Deus para nosso coração em meio a quaisquer inseguranças que estejam nos assombrando hoje. Essa é a forma mais poderosa para nos ajudar a combater as mentiras e as acusações do inimigo. Derrotaremos o inimigo por meio do sangue do Cordeiro e da palavra do nosso testemunho (Apocalipse 12:11, paráfrase).

Oh, como amo esse último versículo.

A mensagem de Deus quanto à esperança de derrotar o inferno é muitas vezes mais poderosa se pregada pelos lábios daquelas pessoas cujo sofrimento foi transformado no propósito de dizer aos outros o que Deus tem feito em sua vida.

Jesus trouxe o sangue. Podemos trazer as palavras de nosso testemunho.

Também nunca esqueci quem é "o acusador dos nossos irmãos [e irmãs]" (Apocalipse 12:10) nem que suas mentiras cruéis sempre acompanham nossos momentos de maior vulnerabilidade com inseguranças e dúvidas.

Temos de deixar as palavras de Deus se tornarem *as* palavras pelas quais vivemos. Mudemos o roteiro que nos pede para acreditar em qualquer coisa oposta à verdade de Deus.

Ele está com você, não a deixará e verá você absolutamente durante todo o caminho.

> *Jesus trouxe o sangue. Podemos trazer as palavras de nosso testemunho.*

> *Deus, ajuda-me a buscar-te só para que me digas quem sou quando começo a acreditar em mentiras a meu respeito. Hoje escolho jogar fora esse roteiro de mentiras e pregar a verdade para mim mesma. Sei que me amas, não me deixarás e sabes absolutamente tudo que enfrento neste momento! Em nome de Jesus, amém.*

Uma carta de Lysa

Amiga querida,

Temos o hoje. Mesmo com todos os altos e baixos e situações inesperadas, o dia de hoje é uma dádiva. Uma dádiva preciosa.

A perda nos ensina isso e nos dá uma nova maneira de ver um novo modo de ser.

Abrace alguém que você ama e saboreie o privilégio de dizer: "Sou tão agradecida por você estar aqui neste momento. Amo você até a lua e um milhão de vezes mais". E, depois, faça isso de novo.

Deixe as coisas ficarem um pouquinho bagunçadas e veja isso como uma rica evidência de vida.

Deixe as coisas ficarem um pouquinho barulhentas e ouça como se fosse a mais bela melodia.

Deixe as coisas ficarem às vezes um pouquinho bobas e ouse rir e brincar.

Jogue confete para celebrar um dia comum. Afinal, cada dia é verdadeiramente extraordinário de sua própria maneira.

Lysa

25

A PERSPECTIVA MAIS ELEVADA NA REALIDADE PRESENTE

Porque sou eu que conheço os planos que tenho para vocês', diz o SENHOR, 'planos de fazê-los prosperar e não de lhes causar dano, planos de dar-lhes esperança e um futuro.

Jeremias 29:11

"Temperança" não é uma palavra que quero que faça parte da minha história. Ela significa ter ou mostrar paciência a despeito dos problemas. E particularmente, para começar. não quero problemas, muito menos por qualquer período extenso.

Felizmente o versículo de hoje nos oferece encorajamento para quando não temos certeza de poder aguentar nosso período de sofrimento por mais um segundo.

Em Jeremias 29, os filhos de Israel ficaram sabendo pelo profeta Jeremias de que seriam levados para a Babilônia em cativeiro por setenta anos. Pense em quanto tempo são setenta anos. Se tivéssemos de ir para a prisão hoje por setenta anos, para a maioria de nós isso significaria provavelmente morrer no cativeiro. Setenta anos parece um período muitíssimo longo, inacreditavelmente injusto e horrivelmente duro. Poderia parecer uma vida de provação sem uma tábua de salvação, sem qualquer esperança.

Apesar disso, veja o que Deus disse ao povo de Israel: "Quando se completarem os setenta anos da Babilônia, eu cumprirei a minha promessa em favor de vocês, de trazê-los de volta para este lugar" (v. 10).

Essa é a cena e o cenário em que, portanto, obtemos essas promessas familiares e gloriosas às quais amo me apegar.

> Porque sou eu que conheço os planos
> que tenho para vocês", diz o Senhor,
> "planos de fazê-los prosperar e não de
> lhes causar dano, planos de dar-lhes
> esperança e um futuro. Então vocês
> clamarão a mim, virão orar a mim,
> e eu os ouvirei. Vocês me procurarão
> e me acharão quando me procurarem
> de todo o coração. Eu me deixarei ser
> encontrado por vocês", declara o Senhor,
> "e os trarei de volta do cativeiro. Eu os
> reunirei de todas as nações e de todos os
> lugares para onde eu os dispersei, e os
> trarei de volta para o lugar de onde os
> deportei (Jr 29:11-14).

Deus garante a seu povo que seus pensamentos e intenções em relação a eles estão fixados e estabelecidos. Seus planos são para o "bem-estar" deles, e não para causar danos. Sua promessa certa e firme é de restauração.

O Senhor, contudo, também os lembra do que eles têm de fazer enquanto esperam o cumprimento de sua promessa. Precisam clamar a Ele. Precisam buscá-lo de maneira intencional e de todo o coração.

Sua promessa certa e firme é de restauração.

Quando buscamos Deus, vemos Deus. Não vemos sua forma física, mas o vemos em ação e começamos a enxergar a vida mais do modo que Ele a vê. A confiança aumenta. Se nosso coração estiver disposto a confiar nele, Ele nos confia mais de sua perspectiva.

Se quisermos ver o Senhor em nossas circunstâncias e ver a partir da perspectiva dele, temos de buscá-lo, buscar seus caminhos e sua Palavra. É desse modo que encontramos seu bom plano para nós e as promessas de esperança e de um futuro.

Se nos vemos em uma situação incrivelmente desapontadora — uma situação em que não queríamos estar —, é fácil começar a sentir que algo dos bons planos de Deus não se aplica a nós. Podemos até mesmo contemplar o pensamento de que escorregamos de alguma forma nas fendas dos bons planos de Deus.

A verdade, no entanto, é esta: Deus está mais próximo do que muitas vezes imaginamos. Ele, como afirmei antes, vê os fatos que não vemos e conhece os que desconhecemos. Ele, de onde está, tem uma perspectiva que lhe permite ver todas as coisas — o passado, o presente e o futuro — desde o dia em que fomos concebidas até o dia que dermos nosso último suspiro e, até mesmo além disso, na eternidade. Ele se declara nosso resgatador. Ele é aquele que nos sustenta. E é mais do que capaz de fazer seus planos se realizarem (Isaías 46:3-11).

Tudo isso foi verdade para os israelitas. Também é verdade para nós.

Para os israelitas, a notícia do cativeiro por setenta anos era uma realidade absoluta, mas a verdade era que Deus tinha um bom plano e um propósito não de os prejudicar, mas de lhes dar um futuro e uma esperança — essa promessa estava em processo durante todo o tempo em que eles estiveram no cativeiro.

> *Apenas lembre-se de que "ainda não" não significa "nunca".*

Não passe rápido demais pela última sentença. As promessas de Deus para você também estão em processo. Neste instante. Mesmo em circunstâncias nas quais não consegue ver ainda nenhuma evidência de algo benéfico. Apenas lembre-se de que "ainda não" não significa "nunca".

Clamemos a Ele em voz alta em meio ao nosso sofrimento. Busquemos o Senhor de modo ardente e peçamos que nos ajude a ver nossas circunstâncias através das lentes da certeza de quem Ele é mesmo quando estamos incertas a respeito de como os fatos funcionarão. Não somos esquecidas. E nossa temperança não parece tão longa e tão dolorosa quando sabemos que a perspectiva de Deus é usar cada segundo do nosso sofrimento para o bem.

> *Deus Pai, obrigada por me lembrares de que posso confiar em ti na espera. Obrigada por estares presente mesmo nesses momentos. Sei que me levarás até o fim e confiarei em ti nesse processo. Em nome de Jesus, amém.*

26

UMA NOVA MANEIRA DE CAMINHAR E UMA NOVA MANEIRA DE VER

*Quando o viu deitado e soube que
ele vivia naquele estado durante
tanto tempo, Jesus lhe perguntou:
"Você quer ser curado?*

João 5:6

Entrei na minha consulta com meu conselheiro, Jim, dese-jando tê-la cancelado.

Sentia-me tão inquieta com minha vida. Nessa altura da nossa jornada, não só Art e eu estávamos separados, mas havia também camadas de realidades complicadas que nos faziam incapazes de nos sentarmos e processarmos as con-sequências do relacionamento extraconjugal dele.

Quando me assentei no escritório de Jim, sentia-me totalmente desmotivada para conversar e muitíssimo moti-vada para chorar.

— Lysa, você quer sarar?

Concordei acenando afirmativamente com a cabeça. Eu queria me curar da devastação conjugal, do choque de todas as formas imprevisíveis com que as pessoas reagiram ao que acontecera.

Como eu poderia, no entanto, começar a cura se não havia solução, nem restituição, nem, tampouco, reconciliação com Art ou com outras pessoas que me feriram?

Eu achava que aqueles que fizeram coisas erradas perceberiam que estavam errados. E, depois, com certeza pediriam desculpas e tentariam consertar as coisas entre nós. Aí, poderia considerar o perdão. E, só depois disso, possivelmente ficaria curada.

Conforme Jim continuou falando, comecei a perceber que nunca poderia sentir que as coisas eram justas. Mesmo se de repente as pessoas que me feriram se arrependessem e reconhecessem tudo que fizeram, isso não desfaria o acontecido. Isso não me curaria instantaneamente nem deixaria nada disso parecer certo.

> *Minha capacidade de cura não pode depender das escolhas de ninguém, apenas da minha.*

Por isso, tive de separar minha cura da escolha delas. Minha capacidade de cura não pode depender das escolhas de ninguém, apenas da minha. Isso me lembrou de algo que aprendi durante uma viagem à Terra Santa quando o guia nos ensinou sobre os dois únicos milagres de cura realizados por Jesus em Jerusalém.

A primeira cura realizada por Jesus foi no tanque de Betesda.

Em João 5, lemos a respeito de um homem paralítico que acreditava precisar da ajuda de outras pessoas para conseguir, conforme a crença de muitos, entrar na água do tanque quando os anjos a agitavam. Assim, quando Jesus se aproximou e fez a pergunta que encontramos no versículo de hoje — "Você quer ser curado?" —, a resposta do homem foi surpreendente. Ele deu uma desculpa para Jesus baseada no fato de que ninguém o ajudara a entrar na água.

Não é incrível que o homem estivesse tão focado no que os outros precisavam fazer que quase tenha deixado passar o que Jesus podia fazer?

Jesus, sem dizer uma palavra sobre as outras pessoas, instruiu-o a se levantar, pegar sua cama e andar. Em seguida, a Bíblia afirma que *Imediatamente o homem ficou curado* (v. 9). A cura não envolveu ninguém além do homem paralítico e Jesus.

Encontramos o outro milagre de cura em João 9, e esse envolve um homem cego. Nessa história, encontramos os discípulos querendo saber que ações fizeram esse homem ficar cego. Com certeza, alguém estava em falta.

Jesus, porém, acabou com essa suposição. Ele não colocou a culpa nem a vergonha em ninguém. Disse que a cegueira daquele homem "aconteceu para que a obra de Deus se manifestasse na vida dele" (v. 3). Jesus, em seguida, cuspiu no chão e misturou a saliva com a terra, depois passou essa mistura nos olhos do homem cego; em seguida, instruiu-o a ir e lavar os olhos no tanque de Siloé. Veja que Jesus não fez uma cura dependente de outra pessoa fazer ou ter algo.

Jesus deu a instrução. O homem cego obedeceu. Jesus curou. O homem seguiu em frente.

Meu guia em Jerusalém, naquele dia, disse:

— Um desses milagres nos mostra uma nova maneira de caminhar; e o outro, uma nova maneira de ver.

Minha cura é minha escolha.

Não consegui pegar meu diário rápido o suficiente para registrar essa revelação. Escrevi: "Para eu seguir adiante, para eu ver além dessa escuridão atual, não preciso esperar que os outros façam nada, é algo entre mim e o Senhor. Tenho apenas de obedecer ao que Deus me pede neste instante. Deus me dá uma nova maneira de caminhar. E Deus me dá uma nova maneira de ver. É perdão. E isso é belo".

Ó minha amiga, e se pararmos de esperar por coisas que parecem certas e justas e colocarmos nossa cura nas mãos de Jesus?

Nossa capacidade de ser curada também não pode depender das outras pessoas receberem as consequências adequadas por sua desobediência, mas apenas de nossa obediência em confiar na justiça de Deus, quer a vejamos sempre quer não.

Minha cura é minha escolha. E a sua cura? É com a máxima compaixão que lhe digo que sua cura também é sua escolha.

Sei como tudo isso é dificílimo. Mas acho que o que aprendi em Israel e no consultório do meu conselheiro é verdade.

Podemos ser curadas. *Podemos* perdoar. *Podemos* confiar me Deus. E nenhuma dessas belas realidades pode ser refém de outra pessoa.

Senhor, obrigada por me convidares a ver e a caminhar hoje de uma nova maneira, a aceitar ser curada. O perdão e a cura podem parecer escolhas incrivelmente difíceis às vezes, mas sei que me dás a força para atravessar esses processos. Obrigada por me fazeres mais semelhante a ti. Em nome de Jesus, amém.

27

QUANDO TUDO QUE LHE RESTA É DAR UM TEMPO

Misericórdia, Senhor, pois vou desfalecendo! Cura-me, Senhor, pois os meus ossos tremem: todo o meu ser estremece. Até quando, Senhor, até quando?

Salmos 6:2-3

Amo essa passagem de hoje, primeiro porque é uma oração oferecida por alguém que conhece o sofrimento *lânguido*. Essa não é uma palavra que uso com frequência, mas é, na verdade, a palavra perfeita para descrever o que senti durante os anos de grande sofrimento e incerteza a respeito do meu casamento.

Muitas pessoas me perguntam por que fiquei e lutei por meu casamento. A resposta a essa pergunta é tão complicada e intrincada quanto tentar entender o que faz o oceano voltar e parar na praia.

Como já disse antes, houve um período em que não era razoável nem responsável permanecer no casamento, por isso, houve um longo processo de separação em nossa jornada. Como quando o oceano não respeita a fronteira da praia e a ameaça de ciclone força a evacuação da praia.

Depois, a margem da praia volta, no entanto, a ser segura de novo. E tive uma escolha.

Dizer que lutei em meio ao medo de ser mais uma vez ferida é uma meia verdade. Houve também muito sofrimento e dano que me faziam acreditar que tentar seria mais difícil que ir embora. Nossa jornada durou muito tempo com tantas esperanças frustradas ao longo do caminho que eu simplesmente já não sabia se havia sobrado algo para dar.

Então, dei a única coisa que podia — um tempo.

Tomei a decisão de deixar passar algum tempo e apenas observar o quanto Art estava comprometido em buscar a cura, quer eu estivesse receptiva ao que ele buscasse, quer não. E busquei conselhos sábios de amigas de confiança que passaram por situações dolorosas de mudança de vida e agora caminham na cura. Não importa qual trauma ou problema difícil você enfrenta, eis três porções de sabedoria que essas amigas me deram e que são verdadeiramente úteis:

1. "A CONFIANÇA É CONSTRUÍDA COM O TEMPO E UM COMPORTAMENTO VEROSSÍMIL."

Meu conselheiro me ensinou isso, e esse conhecimento tirou de mim a pressão de ter de pensar tudo. Eu tinha apenas de prestar atenção nas escolhas feitas por Art, no que o Senhor me dizia em meu tempo diário com sua Palavra, e em como minha cura estava caminhando. Fui honesta durante esse período a respeito tanto do meu progresso quanto dos reveses. Minhas emoções foram ativadas, e muitas vezes eu quis conversar sobre o que vivenciei.

E, honestamente, a melhor medida que tinha era a reação de Art. Se ele fosse paciente e compreensivo, essa atitude restituía minha confiança de que o coração dele estava em um lugar terno.

2. "Ele está em recuperação ou em recaída."

Uma amiga sábia que sabia como o desejo compulsivo pode complicar as situações de cura compartilhou isso comigo. Essa condição não é bem definida em algumas situações, mas, para mim, funcionava, pois eu podia perceber isso pelas escolhas diárias de Art. As escolhas que alguém faz com frequência apontam os hábitos que ele está estabelecendo para que sua vida siga em frente. As escolhas saudáveis passam a ser hábitos que se tornam padrões saudáveis que, por sua vez, passam a ser uma vida saudável de recuperação. Minha parte em tudo isso é sempre ser honesta a respeito do que vejo... bom hábito ou vício. Recuperação ou recaída. Isso não significa pôr um rótulo em alguém, mas antes avaliar honestamente como seguir em frente.

3. "Lysa, em última análise, o que você quer?"

Essa pergunta simples também provou ser incrivelmente útil durante esse período. Minha resposta foi que queria ser capaz de desfrutar de novo de momentos simples. E se era isso que queria, tinha de fazer escolhas que mantivessem a paz na minha vida, em vez de aproveitar constantemente as oportunidades carregadas de emoção que muitas vezes se apresentam em momentos de crise na relação. Não fiz isso de forma perfeita, mas fiz com intencionalidade. Escolhi intencionalmente não morder a isca muitas vezes oferecida a mim por Satanás para fazer comentários cortantes, exagerar a vergonha ou me apresentar como aquela que fez as melhores escolhas.

O perdão é um processo. A cura é uma longa jornada. E eu nunca criticaria uma outra pessoa porque ela fez escolhas diferentes das minhas quando esteve no mesmo horror e mágoa em que eu estava. A reconciliação e a redenção, contudo, não são a mesma coisa. Mesmo se sua situação não permitir reconciliação, a redenção ainda é uma escolha sua. Vivenciei a redenção com Deus antes de reconciliar meu casamento.

Depois de um tempo, entretanto, percebi que era possível a cura conjunta. Sou muito agradecida por Art e eu termos feito um trabalho difícil de colocar juntos nosso casamento de volta nos trilhos. Fizemos a escolha de permitir que nossa história, bagunçada como é, fosse usada, porque sabemos que outras pessoas se afogariam nas próprias lágrimas a não ser que vissem o vislumbre de esperança na nossa situação.

Por isso, minha querida amiga, se você se encontra em uma situação em que sente que não há nada mais a fazer além de dar um tempo, saiba que eu conheço muito bem essa situação dolorosa; mas eu amo este versículo no fim do

> *Escolhi intencionalmente não morder a isca muitas vezes oferecida a mim por Satanás para fazer comentários cortantes, exagerar a vergonha ou me apresentar como aquela que fez as melhores escolhas.*

salmo 6, depois do honesto clamor de Davi a respeito de seus problemas: "O Senhor ouviu a minha súplica; o Senhor aceitou a minha oração" (v. 9).

Deus ouve sua súplica.

Deus aceita sua oração.

E se sua situação é de redenção, de reconciliação ou é completamente diferente da minha, Deus soprará vida nos cacos da sua história e criará algo mais belo que antes. Da maneira dele. No tempo dele.

> *Deus, obrigada por operares em meu favor mesmo quando estou esgotada. Confio em ti para trazer beleza à minha história mesmo quando ela parece estar aos cacos. Quando tudo o que eu puder fazer for dar um tempo, mostra-me como viver obedientemente enquanto espero. Em nome de Jesus, amém.*

Uma carta de Lysa

Cara leitora,

Não sei, minha amiga, as realidades difíceis que você enfrenta hoje; mas quero encorajá-la com o que sei ser verdade.

Tudo ficará de cabeça para baixo na eternidade.

O pesar se transformará em alegria. A mágoa, em louvores de ação de graças. As coroas de espinho, em coroas de ouro.

O mundo diz que está acabado.

Deus declara que nada acaba até que Ele decida.

O mundo diz que é o fim.

Deus nos lembra de que Ele sempre tem a palavra final.

O mundo diz que é impossível.

Deus conforta nossa alma ao sussurrar que tudo é possível.

O mundo diz: desista.

Deus diz: erga a cabeça.

Não conheço todos os caminhos que minha história seguirá enquanto estou aqui na terra, mas sei com confiança como minha história termina. Jesus vence.

28

A BONDADE DE DEUS
NÃO FOI ANULADA

Que a paz de Cristo seja o juiz
em seu coração, visto que vocês foram
chamados para viver em paz, como
membros de um só corpo.

Colossenses 3:15

Em 2020, a covid-19 não só se espalhou pelo mundo em níveis recordes, mas também se espalhou pela nossa realidade diária e, para muitos, mudou tudo. O que vemos no noticiário parece de fato com algo só visto em um filme de Hollywood — não na vida real.

Por causa da ameaça potencial do vírus à vida, o distanciamento social e o cancelamento de reuniões foram precauções exigidas. Embora tudo isso fosse necessário, também era chocante.

Foi como se a vida pisasse no freio, e todos nós cambaleássemos com a parada brusca. Com certeza, no quadro panorâmico das coisas, salvar vidas é sempre o mais importante, mas isso me deixou com todos os tipos de emoções para processar no meio das mudanças.

Uma dessas emoções foi o sentimento muito real de decepção. Por favor, saber processar nossas decepções não é apenas legal — é emocional e espiritualmente necessário. Você não está minimizando o sofrimento grave de alguém quando processa seu próprio sofrimento para conseguir uma perspectiva melhor.

Com essa afirmação soando como um hino ao fundo, quero lembrar algumas das circunstâncias que foram difíceis para mim e para meus entes queridos durante o tempo da covid-19. Apenas em questão de algumas semanas:

Ajudei uma amiga a enfrentar o cancelamento do seu casamento.

Meu marido teve de fechar o salão de seu restaurante.

Muitos entes queridos perderam sua fonte de renda quando os negócios foram fechados e não puderam ser reabertos.

As escolas fecharam, cancelando os esportes, os jogos, as formaturas e outros eventos pelos quais os estudantes trabalharam e esperaram por anos.

Você não está minimizando o sofrimento grave de alguém quando processa seu próprio sofrimento para conseguir uma perspectiva melhor.

As reuniões de família foram canceladas.

Pessoas que conheço e amo ficaram doentes, e algumas delas não se recuperaram. Entes queridos tentaram se despedir por chamada de vídeo quando receberam a notícia excruciante de que nada mais poderia ser feito.

Tudo que achávamos que estaríamos fazendo naquele período parecia muitíssimo diferente do esperado, e o sentimento de perda que se seguiu era real. Como cristãs, como colocamos nossa mente e nosso coração nas coisas que são do alto quando vemos realidades tão assustadoras? Veja algumas coisas que escrevi no meu diário durante o tempo da covid-19 e que me ajudaram.

1. Considere a decepção lembrando-se do que você tem para não ser consumida pelo que foi tirado.

É incrivelmente emocional quando você sonha, planeja e investe no que achou que seria uma expectativa muito normal e, mais tarde, sua esperança é roubada.

Lembre-se, porém:

- Ser boa com outra pessoa não foi invalidado.
- Aprender, crescer e amadurecer não foram invalidados.
- A necessidade de lamentar e de obter aconselhamento não foi invalidada.
- A alegria não foi invalidada.
- O amor não foi invalidado.

> *A bondade de Deus não foi invalidada. Descanse nessa verdade, regozije-se nisso, sinta-se tranquila por isso.*

Seja honesta a respeito do que você precisa. E esteja sempre atenta para o fato de que apesar de a covid-19 ter mudado muita coisa, ela não mudou Deus. Ela não mudou o caráter dele. Ela não mudou o amor e o cuidado dele com seu povo. Ela não mudou o plano de Deus de pegar tudo que enfrentamos e usar para nosso crescimento, amadurecimento a fim de nos tornar ainda mais preparadas para um futuro bom.

Essa decepção pode ser um adiamento, uma distração, até mesmo uma devastação por um período, mas não é nosso último destino. A bondade de Deus não foi invalidada. Descanse nessa verdade, regozije-se nisso, sinta-se tranquila por isso.

2. Quando lembrar quem Deus é, use isso para trazer alguma perspectiva para sua decepção.

- Deus é protetor. Ele está protegendo você de algo invisível.
- Deus é provedor. Ele provê apenas o que é necessário. Só porque a provisão divina é diferente, não significa que não seja boa.
- Deus é fiel. Não importa qual decepção toma conta de você neste momento, coloque-a nas mãos de Deus.
- Entregue tudo a Ele como seu sacrifício. Pois tudo que entregamos de boa vontade nas mãos de Deus, Ele redime.

3. Resista à tentação de imaginar os piores cenários.

É fácil deixar que as decepções de hoje fiquem desproporcionais e as façam esperar o pior cenário possível para amanhã. Desafio-me a não adentrar mentalmente com muita rapidez em um futuro desconhecido e escrever um roteiro com os piores cenários. Muitas vezes, o que espero que o amanhã traga começa a se manifestar na minha atitude.

Penso, de alguma forma estranha, que se eu esperar sofrimento, mágoa e provação, essa expectativa me protege de ser pega desprevenida; mas, na realidade, quando faço isso, minha negatividade me afasta da confiança em Deus, do amor pelas pessoas e do desfrutar o que o dia de hoje oferece. E às vezes se torna mesmo uma profecia autocumprida quando troco o bem de hoje para viver no temor do amanhã.

Seja qual for a decepção que você enfrente hoje, agora é o momento de nutrir sua fé e estimular suas perspectivas saudáveis. Faça a escolha hoje de *"que a paz de Cristo seja o juiz em seu coração, visto que vocês foram chamados para viver em paz, como membros de um só corpo"* (Colossenses 3:15).

> *Deus, declaro hoje que as decepções e o medo cego não serão meus donos. Sou governada pela paz de Cristo e usarei tua verdade para emoldurar tudo que vejo. Mesmo quando passo por períodos difíceis, ajuda-me a ter a atitude de Cristo. Em nome de Jesus, amém.*

29

POR QUE DEUS
NÃO ESTÁ RESPONDENDO
A MINHAS ORAÇÕES?

*Sabemos que Deus age em todas as
coisas para o bem daqueles que o
amam, dos que foram chamados de
acordo com o seu propósito.*

Romanos 8:28

Em 2015, o *New York Times* publicou um artigo intitulado
"Procurando Deus no Google".[1] Nesse artigo, o autor Seth
Stephens-Davidowitz começou dizendo: "É uma década
ruim para Deus, pelo menos até agora". Ele continuou perguntando: "Que perguntas as pessoas fazem quando ques-
tionam Deus?". A pergunta número um era "quem criou
Deus?". A segunda pergunta era "por que Deus permite o
sofrimento?". Foi a terceira pergunta, porém, que golpeou
meu coração, fazendo-me perceber a profundidade com

---

[1]Seth-Stephens-Davidowitz, "Googling for God", *New York Times*, 2015,
<https://www.nytimes.com/2015/09/20/opinion/sunday/seth-ste-
phens-davidowitz-googling-for-god.html>.

que muitas de nós lutamos enquanto atravessamos situações devastadoras: "Por que Deus me odeia?".

Não estou sozinha em querer saber o sentimento de Deus quando as circunstâncias imploram para eu me sentir traída. Embora eu nunca tivesse usado a palavra "*ódio*" nesse contexto, vê-la por escrito em uma das perguntas mais comuns feita a respeito de Deus me mostra exatamente como nossa perspectiva pode ficar sombria. A crise espiritual mais devastadora não é quando perguntamos por que Deus não faz algo. É quando estamos totalmente convencidas que Ele não se importa mais. E foi isso que ouvi por trás daquela pesquisa no Google.

> *O que faz a fé se desintegrar não é a dúvida. É passar a ter muita certeza das coisas erradas.*

E estremeço ao dizer isso, mas acho que isso também é o que estava por trás da minha desilusão. O que faz a fé se desintegrar não é a dúvida. É passar a ter muita certeza das coisas erradas. Coisas como: "o perdão não importa. Não vale a pena. Não é o momento para esse tipo de obediência. Deus não está se movendo. O que vejo é a prova absoluta de que Ele não está operando".

É nesse ponto que posso ficar cada vez mais cética em relação ao amor, à provisão, à proteção, às instruções e à fidelidade de Deus. E acima de tudo, o ponto em que começo a temer que Ele não tenha nenhum plano e que serei de fato uma vítima das circunstâncias que estão além do controle de qualquer um.

O problema com esse pensamento é que, embora possa se alinhar com a imagem que tenho da minha vida a partir do meu lugar de sofrimento e confusão, ele não se alinha com a verdade. Já finquei o pé, proclamando que a Palavra de Deus está no ponto para onde eu iria e voltaria independentemente de qualquer coisa.

Eu podia resistir a confiar em Deus e dar as costas para a verdade dele. Eu podia fugir dela e, com amarga resignação, pôr minha Bíblia em uma prateleira para ficar empoeirada por anos; mas eu não podia escapar do que já estava enterrado no fundo do meu coração.

Nesse lugar de conhecimento profundo, eu sabia que o que eu enxergava não era tudo que estava acontecendo. As experiências passadas em que vi a fidelidade de Deus me lembram que nem sempre vejo Deus agindo em meio a meus períodos de dificuldade.

Vi poucas vezes em minha vida as ações radicais de Deus acontecerem com bastante rapidez a ponto de eu dizer: "Uau, veja o que Deus está fazendo!"; mas, na maior parte do tempo, acontecem milhares de pequenas mudanças tão sutis que o trabalho cotidiano de Deus não é registrado em tempo real.

É difícil quando vivemos nesse espaço em que nossa mente sabe que Deus pode fazer qualquer coisa, mas nosso coração fica pesado porque Ele não faz o que esperamos, não responde à nossa oração, não faz o que acreditamos que deveria fazer, e isso por um longo tempo. Eu entendo essa sensação — e já derramei muitas lágrimas por causa dela.

Ele não faz o que esperamos

Então, o que acontece? Conhecer estes fatos pode ajudar:

- Deus está agindo mesmo quando não conseguimos ver sua ação. Só porque não podemos discernir o que Ele faz, não significa que Ele esteja fazendo nada.

> *"Assim, fixamos os olhos, não naquilo que se vê, mas no que não se vê, pois o que se vê é transitório, mas o que não se vê é eterno" (2Coríntios 4:18).*

- O que pode parecer falta de intervenção não é um sinal de falta de afeição divina.

> *"Todavia, lembro-me também do que pode me dar esperança:*
> *Graças ao grande amor do SENHOR é que não somos consumidos,*
> *pois as suas misericórdias são inesgotáveis.*
> *Renovam-se cada manhã; grande é a sua fidelidade" (Lamentações 3:21-23).*

- Deus nos ama demais para responder a nossas orações em qualquer outro momento que não o momento certo e de qualquer outra maneira que não da maneira certa.

> *"Sabemos que Deus age em todas as coisas para o bem daqueles que o amam, dos que foram chamados de acordo com o seu propósito" (Romanos 8:28).*

Procure hoje as belas maneiras em que Deus está lhe mostrando as garantias do amor dele. Amiga querida, o afeto profundo de Deus está ao seu redor. Mesmo enquanto você espera.

Deus, confesso que é fácil para mim ficar cética quando as coisas não funcionam da maneira que planejei. Mesmo quando não vejo... mesmo quando sinto... permaneço crendo na verdade de que operas todas as coisas para o bem. Em nome de Jesus, amém.

30

QUANDO NOSSA OPINIÃO E NOSSOS SENTIMENTOS NOS TRAZEM PROBLEMAS

Naquela época não havia rei em Israel;
cada um fazia o que lhe parecia certo.

Juízes 21:25

Alguns meses atrás, enquanto caminhava com uma amiga, passamos ao lado de duas árvores imensas que tinham caído durante uma tempestade. Parei e perguntei aos homens que tiravam os restos das árvores por que aquelas duas em particular não conseguiram resistir à tempestade.

Um homem mais velho que trabalhou com árvores sua vida toda explicou que a primeira árvore tinha raízes incrivelmente superficiais para uma árvore tão grande. Suas raízes se acostumaram a conseguir água na superfície do sistema de irrigação. Como resultado disso, as raízes não entraram fundo na terra para tirar água do subsolo. As raízes superficiais conseguem manter uma árvore grande viva, mas elas a deixam vulnerável durante as tempestades.

A segunda árvore parecia grande e forte por fora, mas por dentro estava vazia. Em algum ponto uma formiga encontrara um ponto fraco na árvore e começara a cavar formando um túnel pequenininho no centro da árvore. Logo outras formigas também encontraram seu caminho ali no centro da árvore. Então, a água entrou na abertura e enfraqueceu a madeira. A árvore, com o tempo, apodreceu por dentro.

Só porque algo parece saudável por fora não quer dizer que não tem uma realidade completamente diferente por dentro.

Só porque algo parece saudável por fora não quer dizer que não tem uma realidade completamente diferente por dentro.

Essas árvores me fazem pensar na condição do povo de Deus no fim do livro de Juízes: vazio e superficial. As palavras finais do livro fornecem um exame da realidade dolorosa até mesmo para nós hoje. Juízes 21.25 diz: "Naquela época não havia rei em Israel; cada um fazia o que lhe parecia certo". Infelizmente, o padrão de pecado e de destruição que parecia "correto" para eles era completamente estranho ao que Deus chama de correto e bom. É nesse ponto que descobrimos três fatos que acontecem quando seguimos nossa opinião e nosso sentimento (o que é correto a nossos olhos), em vez de seguir a verdade absoluta de Deus.

1. Confundimos opinião com verdade.

Como as árvores com raízes superficiais, se não cavamos fundo para buscar a fonte da Água Viva por nós mesmas, não temos o alicerce necessário para permanecer fortes quando os caminhos do mundo tentam nos derrubar. Temos de buscar e aplicar a verdade de Deus a cada dia, para que não sejamos influenciadas com facilidade por opiniões não alinhadas com a Palavra divina. A busca superficial leva a uma crença superficial — esse lugar perigoso para o qual nos deixamos levar mediante qualquer opinião que deixe a gente confortável e a nossa vida mais conveniente.

2. TRANSFORMAMOS OS SENTIMENTOS EM NOSSO FALSO ESPÍRITO SANTO.

Essa situação é como a daquela árvore grande que foi derrubada por algumas formiguinhas. As formiguinhas são como os desejos que no fim levam à morte: "Então esse desejo, tendo concebido, dá à luz o pecado, e o pecado, após ter se consumado, gera a morte" (Tiago 1:15). Quando nos preocupamos mais com o que parece correto do que com o que é correto, nos expomos à destruição do pecado. Os sentimentos são ótimos indicadores, lembrando-nos de voltar para Deus e deixá-lo dirigir nossos desejos com suas melhores provisões. Os sentimentos, no entanto, nunca devem ser determinantes para que nossos anseios e desejos não satisfeitos sejam atendidos da maneira que acharmos adequado.

> *Quando nos preocupamos mais com o que parece correto do que com o que é correto, nos expomos à destruição do pecado.*

3. Caímos quando tentamos carregar o peso esmagador de ser nosso próprio Deus.

O que acontece quando o rei está ausente? O caos. O livro de Juízes nos mostra essa realidade uma história após a outra, um juiz após o outro. O povo está sem liderança e direção, e o resultado é o caos absoluto. Isso me faz pensar em quão diferente poderia ser o destino daquelas duas árvores se o homem que cuida de árvores tivesse entrado em cena anos antes para ajudá-las a ficar grandes e fortes, em vez de superficiais e suscetíveis às situações adversas.

Precisamos de resgate. Precisamos de um rei. Mas não de qualquer rei; precisamos do governante correto que corrigirá todos os erros, nos guiará e protegerá, redimirá e restaurará todas as coisas. Precisamos do Rei Jesus — o Salvador perfeito que se humilhou assumindo a forma humana e se sujeitando à cruz para a expiação do pecado.

> *Precisamos de um rei. Mas não de qualquer rei... Precisamos do Rei Jesus*

Não nos falta rei como aconteceu com o povo na época de Juízes. Temos a garantia de conhecer nosso Rei eterno. Temos a verdade absoluta. Temos a dádiva do Espírito Santo. E temos a perspectiva de ler na Palavra divina como é perigoso quando o povo apenas faz o que parece certo aos seus próprios olhos.

Não sejamos pessoas governadas por nossos sentimentos — que parecem confiantes e capazes apenas por fora. Confiemos em nosso Rei. Sigamos nosso Rei. Vivamos pela verdade da Palavra de Deus e nos tornemos pessoas nas quais a verdadeira força reside.

> *Deus Pai, quero ser uma mulher com raízes profundas. Uma mulher firmemente ancorada em tua verdade e cheia pelo teu Espírito. Confesso hoje o quanto preciso de ti para me liderar, guiar e ser meu Rei. Em nome de Jesus, amém.*

31

AQUELE DE QUEM REALMENTE PRECISAMOS HOJE

*Então Jesus declarou: "Eu sou o
pão da vida. Aquele que vem a
mim nunca terá fome; aquele que
crê em mim nunca terá sede.*

João 6:35

Às vezes vejo os pedidos de oração como entregas do *Amazon Prime*.

Quero fazer meu pedido. Quero que o pedido entregue seja como eu esperava e chegue em tempo recorde. E, assim, sinto-me muito próxima de Deus porque Ele fez o que eu queria!

Não sinto orgulho desse sentimento. Sou desafiada por ele, porque há algo muito humano e previsível a respeito de essa ser a maneira que a oração funciona de fato. Minhas orações, por conseguinte, são pedidos que apresento, as respostas são tão baratas quanto os produtos, e o remetente nada mais é que uma entidade distante na qual pouco penso até precisar de algo de novo.

Quero mudar isso. Quero vir a Deus com minhas necessidades, meus desejos, minha ânsia e reconhecer que tudo que Ele colocar diante de mim é seu pão diário. Conforme Jesus nos ensinou o que orar a cada dia. Seu primeiro pedido foi pelo pão diário. Não é verdade, no entanto, que o pão assume muitas formas diferentes na Bíblia? Às vezes, ele aparece como um pão feito no forno (Levítico 2:4), outras vezes aparece como o maná vindo do céu (Deuteronômio 8:3) ou, melhor de tudo, aparece como Jesus, que declarou ser o pão da vida (João 6:35). Todas os três são provisões perfeitas de Deus; mas provavelmente, com nossos olhos humanos, só reconheceríamos o pão como bom e mais adequado, e que tragédia isso seria.

O pão pode representar o que quero de Deus, mas essa não é a menos milagrosa de todas as formas de pães? É o tipo de provisão pela qual temos de trabalhar para receber do solo, colher o trigo, processá-lo e, depois, assá-lo — tudo com nossas próprias mãos. Mas talvez seja isso que eu goste tanto no pão. Uma vez que tenho que trabalhar para obtê-lo, tenho um senso de controle sobre ele.

O maná representa o que Deus simplesmente nos dá. O maná que caiu do céu para os filhos de Israel foi o sustento perfeito de Deus, embora parecesse mais com pequenas sementes ou flocos, que com pães. E, não obstante, vinha direto de Deus, dia após dia, e manteve mais de dois milhões de israelitas vivos no deserto por quarenta anos. Foi algo milagroso. O povo, contudo, mesmo com o maná, tinha de fazer a parte dele. Eles tinham de sair da tenda e pegar o maná do chão. Além disso, não podiam recolher uma quantidade de maná maior do que a necessária para o consumo diário, mas podiam contar com ele.

O controle e a consistência me fazem sentir como se confiasse em Deus quando, na realidade, apenas conto com Ele até o nível em que Ele me dá o pão.

O melhor tipo de pão, contudo, é o pão da vida: o próprio Jesus. Essa não é uma provisão pela qual trabalhamos ou uma provisão que simplesmente catamos do chão; essa é a provisão em Cristo, depositada dentro de nós, que nos nutre e nos sustenta do começo ao fim até as nossas almas. Em João 6:35: "Então Jesus declarou: 'Eu sou o pão da vida. Aquele que vem a mim nunca terá fome; aquele que crê em mim nunca terá sede'". Jesus é a provisão mais milagrosa e a única que já nos foi dada hoje — mas talvez a única menos reconhecida como tudo aquilo que precisamos.

O controle e a consistência me fazem sentir como se confiasse em Deus quando, na realidade, apenas conto com Ele até o nível em que Ele me dá o pão.

Sei que talvez você diga: "Olha, Lysa, o que tenho à minha frente é terrível, portanto, essa situação não me faz querer confiar mais em Deus. Faz-me confiar menos nele!". Entendo essa posição. Também me sinto da mesma forma a respeito de situações que estão diante de mim nesse momento.

Se tivermos Jesus hoje, vivemos em oração e provisão respondidas. Aquele que produz o bem, mesmo a partir da situação terrível que vemos com nossos olhos físicos, está trabalhando ativamente em nosso favor nesse momento. Ele fala com o Pai a seu respeito de maneiras que, se você pudesse ouvi-lo, não teria nunca mais medo do que está à sua frente. Nunca questione o amor ou a bondade dele com você.

> *Jesus é a provisão mais milagrosa e a única que já nos foi dada hoje — mas talvez a única menos reconhecida como tudo aquilo que precisamos.*

Vemos apenas o que a mente humana consegue imaginar, mas Deus está construindo algo que não conseguimos sequer imaginar. Podemos ver o resultado no devido tempo ou na eternidade. Até que vejamos o resultado, no entanto, sabemos com certeza que tudo o que Ele nos dá é verdadeiramente sua boa provisão, seja para hoje, seja parte de um plano muito maior.

Por isso, minha amiga, hoje podemos orar pelo que precisamos orar. Oremos com todas as palavras, deixemos as lágrimas fluírem em soluços e frustrações misturados com esperança. E, depois, olhemos o que está bem na nossa frente por meio do que sabemos ser verdade a respeito de Deus. E confiemos em Jesus para também deixar o que vemos belo.

> *Jesus, obrigada por seres o sustento perfeito de que necessito hoje. Olho para ti como o pão da vida, sabendo que cuidas de todas minhas necessidades. Sei que estás sempre trabalhando em meu favor. Confio em ti. Em teu nome, amém.*

Uma carta de Lysa

Querida amiga,

Você é bela. Sei que você duvida e nega isso e, em certos dias, sente-se exatamente o oposto de bela.

Mesmo assim, sua beleza é verdadeira, porque as impressões digitais de Deus dançam dentro de você. Não desvalorize essa realidade procurando apenas na superfície.

A beleza emerge da alma da pessoa. É uma escolha feita no interior que fica mais aparente e atraente com a idade.

Deixe traços de beleza aonde quer que você vá. Lembre-se de que você pode distribui-la por meio de suas palavras, seu sorriso, sua criatividade e seu espírito generoso.

32

QUANDO SENTIMENTOS IMUTÁVEIS SÃO IMPERDOÁVEIS

Vençam o mal com o bem.

Romanos 12:21

Quando você acha que tem dias melhores pela frente, diz coisas como: "Sonho ser, um dia, esposa e mãe, atriz, chefe ou cientista". Ou: "Sonho, um dia, abrir minha cafeteria ou escrever um livro".

O pesar é sonhar em reverso.

Mas quando você está pesarosa por algo ou alguém que foi levado, você gostaria de poder voltar no tempo. Você sonha em retrospectiva.

O pesar é sonhar em reverso.

Em vez de esperar pelo que será um dia, você anseia por mais um tempo de inocência quando vivia mais inconsciente da tragédia. Por isso, a cura parece impossível, pois as circunstâncias parecem imutáveis.

Veja se alguma dessas situações imutáveis lhe parece familiar:

Quando sentimentos imutáveis são imperdoáveis

- Quando alguém pega algo que nunca mais terei de volta.
- Quando tenho de enfrentar não só o fim de uma relação, mas também o fim de todos os sonhos e planos futuros ligados a essa pessoa.
- Quando o sofrimento parece interminável.
- Quando o resultado parece tão definitivo que não tenho certeza de como seguir em frente.
- Quando alguém fere não só a mim, mas toda a minha família.
- Quando as lembranças dolorosas não terminam porque quem me feriu é da família.
- Quando arruínam uma oportunidade pela qual trabalhei minha vida toda.
- Quando tomam a vida de alguém que amo.
- Quando me prejudicam tão profundamente e me ferem tão gravemente que nunca mais me sentirei normal.

Com um pesar tão profundo causado por todas essas situações dolorosas, é totalmente enlouquecedor pensar que o perdão se aplicaria aqui. O que o perdão faria? Por que passar pelo trabalho profundo de perdoar se o perdão não faria de fato nenhuma diferença? Ainda que você decida perdoar, como perdoar quando aqueles que a feriram não estão dispostos a cooperar?

Entendo todas essas perguntas porque eu mesma as fiz e lutei com elas. E embora seja a primeira da fila a levantar a mão e admitir

o perdão é um passo difícil a ser dado, ele também é o único passo que leva a algo bom.

que o perdão é um passo difícil a ser dado, ele também é o único passo que leva a algo bom. Todas as outras escolhas — incluindo a escolha de não fazer nada e permanecer onde estamos — apenas acrescentam mais dor à dor. Veja algumas verdades às quais aprendi a me apegar quando luto para dar o passo em direção ao perdão.

1. O PERDÃO TRAZ MAIS SATISFAÇÃO QUE A VINGANÇA (ROMANOS 12:19-21)

A vingança é pagar em dobro pela dor causada por alguém. Talvez você ache que a vingança a fará se sentir melhor no curto prazo, mas no longo prazo ela sempre tem um custo emocional e espiritual maior do que você gostaria de pagar. A única coisa que sua vingança fará é colocar sua transgressão sobre a dos outros.

O perdão não deixa a outra pessoa impune. Na verdade, coloca-as nas mãos de Deus. E, depois, enquanto você atravessa o processo de perdoar, seu coração é suavizado pelo perdão. A paz oriunda do perdão é mais satisfatória do que a vingança.

2. NOSSO DEUS NÃO É UM DEUS QUE NÃO FAZ NADA (1PEDRO 5:7).

Participei recentemente de uma sessão de perguntas e respostas em que alguém na audiência perguntou:

— Como Deus pode não fazer nada?

O sofrimento na pergunta dela era profundo. Meu Deus! Eu sabia como era se sentir assim. Lembro-me de me sentir tão desiludida em minha jornada com Art. Quando você está sofrendo tanto que cada respiração parece excruciante, é fácil começar a supor que Deus não está fazendo nada.

Não servimos a um Deus que não faz nada. Ele está sempre trabalhando. Deus está sempre fazendo algo. Deus está ali no meio de tudo. Deus não estava apenas tentando mudar o comportamento do Art, Ele estava salvando a alma dele. Nunca houve um momento em que Deus estivesse fazendo nada.

3. O inimigo é sempre o vilão real (Efésios 6:11-12).

É isso mesmo, as pessoas têm a escolha de pecar contra nós ou não. E quando somos feridas, com certeza, a pessoa que nos fere estava disposta a participar do plano do inimigo; mas, nesses momentos, a lembrança de que essa pessoa não é meu inimigo real é algo que me ajuda. O diabo é real e está sempre se levantando contra todas as coisas boas. Ele odeia a palavra "junto" e trabalha com grande intencionalidade em especial contra tudo que traz honra e glória para Deus.

Ah, minha amiga, as mágoas que você carrega são imensas. E seu desejo de desfazer parte do que foi feito é muito compreensível. Honestamente, em algumas ocasiões esse desejo é nobre. Tudo bem desejar que a situação mude e aceitar que deste lado da eternidade ela não mudará. Você pode ter ambos os sentimentos. Você pode honrar ambos.

Acrescentar a verdade à nossa perspectiva torna até o imutável perdoável. Nada disso é simples. Essas não são verdades para simplesmente lermos, mas para nos sentarmos com elas. Sentemo-nos com elas. Até ousarmos caminhar nelas. Vivê-las. E talvez até mesmo um dia as declarar como a verdade que decidimos possuir.

Senhor, ajuda-me não apenas a fazer as pazes com os fatos imutáveis, mas a seguir em direção à beleza do perdão. Sei que não és um Deus que não faz nada e confio em ti mesmo com todas as mágoas que enfrento deste lado da eternidade. Em nome de Jesus, amém.

33

CONTANTO QUE DEPENDA DE MIM

No que depender de vocês,
vivam em paz com todos.

Romanos 12:18 – NVT

Há algum contexto interessante em torno do nosso versículo de hoje que merece ser considerado e desenvolvido.

Paulo não escreveu o que veio a ser a Epístola aos Romanos enquanto estava desfrutando de férias pacíficas com pessoas pacíficas e em circunstâncias pacíficas. Ele escreveu essa instrução quando estava rodeado por pessoas que se opunham a ele e por situações repletas de provações.

Um dos motivos pelos quais ele escreveu uma epístola aos Romanos é que não seria fácil eles alcançarem a paz. Em meio às provações constantes, à oposição sem-fim e às diferenças relacionais, a paz pareceria tão antinatural para eles quanto parece para nós hoje.

Identifico-me muito com isso. Parece que acordo cada dia com um novo conjunto de problemas. Talvez hoje não seja um evento grande, doloroso e devastador, capaz de acabar com sua paz. Talvez seja uma frustração ou uma decepção persistente com alguém próximo. Ou um mal-entendido com alguém em quem achava que podia confiar ou até mesmo um comentário desagradável vindo de alguém no trabalho. Os conflitos parecem nunca ter fim.

A paz não é a ausência de hostilidade. A paz é a atmosfera que podemos alcançar em meio à hostilidade.

Paulo, contudo, estava lembrando a todos que lessem esses versículos que é possível alcançar a paz.

Os gregos viam a paz como a ausência de hostilidade; mas Paulo ensinou que a paz é a atmosfera que podemos alcançar em meio à hostilidade. Essa paz é a completude que temos por causa da nossa relação com Deus.

A paz não é a ausência de hostilidade. A paz é a atmosfera que podemos alcançar em meio à hostilidade.

Em João 14:27, Jesus disse: "Deixo-lhes a paz; a minha paz lhes dou. Não a dou como o mundo a dá. Não se perturbe o seu coração, nem tenham medo".

A paz mencionada aqui é "guardar ou manter a paz".[1] A paz é uma dádiva concedida aos cristãos por Deus, e essa

---

[1]"A característica básica do conceito grego de εἰρήνη é que a palavra não denota principalmente uma relação ou uma atitude entre várias pessoas, mas um estado, ou seja, "tempo de paz" ou "estado de paz", concebido originalmente apenas como um interlúdio no estado duradouro de guerra". Werner Foerster, "Εἰρήνη, Εἰρηνεύω, Εἰρηνικός, Εἰρηνοποιός, Εἰρηνοποιέω", ed. Gerhard Kittel, Geoffrey W. Bromiley e Gerhard Friedrich, *Theological Dictionary of the New Testament* (Grand Rapids, MI: Eerdmans, 1964), p. 400.

dádiva é uma evidência para o mundo de que somos diferentes por causa da nossa união com Cristo. Nossa união com Cristo torna essa paz possível.

E a demonstração dessa paz, no entanto, especialmente em meio a provações, que a torna reconhecível como particularmente rara e ímpar.

Viver em paz com todos parece uma impossibilidade ridícula. E, ainda assim, quando o impossível se torna possível por causa de Jesus em nós, não há testemunho maior a ser compartilhado.

Esse tipo de paz é uma rica evidência da realidade de Jesus. Não há nada mais poderoso para trazer para a situação do que o próprio Príncipe da Paz (Isaías 9.6). Ao simples pronunciamento do nome de Jesus, a paz está ali.

E lembre-se do contexto de tudo isso. Paulo não disse: "Até o ponto em que depende do outro trazer a paz". Nem disse: "Contanto que os conflitos terminem de uma forma pacífica". Nada disso, ele disse: "No que depender de *vocês*" (grifo da autora).

> *A paz é a evidência de uma vida de perdão.*

Em outras palavras, a paz em minha vida não é impedida pelas escolhas da outra pessoa. Ela é possível pelas *minhas escolhas*.

Amiga, isso é verdadeiramente possível.

Assim, embora esse ensinamento possa parecer desafiador, também é revelador e fortalecedor. Sempre achei que a paz era possível quando havia ausência de caos; mas o caos vem e vai a seu bel-prazer neste mundo cheio de pecado. Não posso controlar o caos, mas posso controlar as minhas escolhas.

Agora percebo que a antítese da paz não é o caos. É o egoísmo. E a melhor maneira de não convidar o egoísmo está na humildade do perdão.

A paz é a evidência de uma vida de perdão.

Não é o caso de que todas as pessoas ao seu redor sejam pacíficas ou que todas as suas relações sejam perfeitamente pacíficas o tempo todo. É antes ter um conhecimento profundo de que você se liberta dos efeitos coercivos e das forças asfixiantes da falta de perdão e do sentimento de injustiça que nos limita.

Todo esse drama passa por um *upgrade*: a paz.

Viver no conforto da paz é muito melhor do que viver na restrição e na pressão da falta de perdão.

Isso faz diferença na minha vida. Faz parte do meu processo de cooperação com Deus. Superar o mal com o bem. Viver em paz enquanto depender de mim.

Deixar espaço para Deus operar em quem preciso perdoar. Orar pela misericórdia divina. Buscar a face do Senhor. Conhecer a bondade de Deus, Viver na presença do Senhor.

E nisso, vejo a beleza de Deus.

Jesus, oro hoje para que me mostres como ser uma pacificadora e uma mantedora da paz. Como o Príncipe da Paz, acalma meu coração para entregar o controle da situação a ti. Abro-me hoje para ser usada por ti como um instrumento de paz; dá-me, portanto, coragem para viver de forma corajosa e, no processo, lutar contra minha carne. Em teu nome, amém.

34

SUSPEITANDO DE DEUS

Meu coração está firme, ó Deus,
meu coração está firme; cantarei ao
som de instrumentos!

Salmos 57:7

Confio em Deus. Até deixar de confiar. Isso não parece uma fala muito cristã; mas se não reconheço essa luta, não posso lidar com ela.

Não acho que sou a única que se sente assim.

Tantas de nós ficamos de pé nas igrejas domingo de manhã com as mãos levantadas enquanto proclamamos que nosso Deus é um "Pai bom", mas depois nos vemos, no domingo à noite, mentindo na cama com o travesseiro manchado de lágrimas, enfrentando a realidade de que não nos sentimos muito bem de fato.

É difícil não suspeitar de Deus quando nossas circunstâncias não parecem se alinhar com as promessas dele. E é difícil não duvidar à luz da verdade divina quando tudo a nossa volta parece sombrio.

O que nos traz ao salmo 57 — uma passagem escrita por Davi em meio a um período em que as circunstâncias e as promessas de Deus pareciam estar em completa e total oposição.

No ponto em que escreveu esse salmo, Davi já havia sido ungido como futuro rei de Israel (1Samuel 16:1-13) e havia servido fielmente ao rei Saul. Infelizmente, apesar disso, Saul "recompensou" Davi por seu serviço e obediência com perseguição e ameaça de morte. Davi teve de fugir para salvar sua vida e, depois, escondeu-se em uma caverna.

Quando estava em Israel, tive um guia que me mostrou uma caverna que talvez fosse exatamente aquela onde Davi se escondeu durante esse período de sua vida. Não é como as cavernas que imaginava na minha mente. A entrada parece um buraco no chão. E conforme você desce caverna adentro, a escuridão é avassaladora. Conforme descia nessa caverna, imaginei Davi com medo de sair por causa da ameaça de morte vinda de Saul, mas também com medo de permanecer ali dentro em um lugar de trevas desconhecidas.

A Bíblia também revela que Davi não fugiu sozinho. Esse rei ungido, mas ainda não empossado, liderava um grupo bem corajoso de homens. A passagem de 1Samuel 22:1-2 descreve esses quatrocentos homens aflitos, descontentes, mas cumprindo o seu dever. Não exatamente o tipo de pessoa positiva, engenhosa e esperançosa que você gostaria de ter com você em um dos períodos mais tenebrosos da sua vida.

Não julgaria Davi nem por um segundo se tivesse clamado a Deus em total frustração, dizendo: "Não entendo nada disso. Estou liderando um bando de pessoas desesperadas e instáveis. Estamos escondidos em uma caverna. E sinto-me totalmente derrotado e completamente sem esperanças".

As palavras escritas por ele em Salmos 57, no entanto, não são exclusivamente um salmo de lamento nem um salmo de ação de graças. Davi não negou a situação tenebrosa em que se encontrava, mas também se recusou a permitir que sua alma ficasse presa em uma situação de desespero. Davi, ao contrário, escolheu declarar louvores sobre a verdadeira natureza e caráter de Deus. Lembrou sua alma de quem Deus é — um Deus que cumpre suas promessas (v. 2), um Deus que salva (v. 3), um Deus conhecido por seu amor fiel e firme (v. 2,10).

Embora Davi estivesse "*abatido*" por suas circunstâncias (v. 6), ele permitiu que o que sabia ser verdade a respeito de Deus o mantivesse firme. Isso capacitou Davi a declarar em nosso versículo de hoje: "Meu coração está firme, ó Deus, meu coração está firme; cantarei ao som de instrumentos" (v. 7).

Amo a história por trás desse salmo. Estar em uma caverna parecia de fato o fim de tudo que ele esperou e sonhou. Davi reconheceu sua angústia, mas também levantou os olhos para louvar a Deus. O louvor de Davi não foi em vão. O louvor estabilizou seu coração. E sua circunstância dolorosa não foi desperdiçada. Deus usou essas provações para amadurecer

> *O louvor pode não mudar nossa circunstância, mas definitivamente começa a mudar nosso coração.*

Davi. Isso mesmo, Davi já foi ungido para, por fim, tornar-se rei; mas estava no ventre da terra quando Deus o encontrou e fez nascer nele um coração preparado para liderar.

As trevas foram o campo de treinamento perfeito para o destino de Davi. E aquelas situações difíceis das quais queremos desesperadamente nos livrar também são um bom campo de treinamento para nós. Temos, porém, algumas escolhas a fazer. Vemos esse período de escuridão como um ventre ou como um túmulo? É o nascimento de algo novo ou a morte do que pensávamos que poderia ser? Fixamos os olhos na verdade da bondade de Deus ou nos entregamos à desesperança e ao desespero?

Ah, minha amiga, sei que os lugares sombrios e escuros são assustadores; mas escolhamos acreditar que há um propósito em cada período de nossa vida, mesmo naqueles que não parecem fazer sentido algum. Peçamos a Deus para fazer nascer algo novo dentro de nós, de modo que Ele possa fazer uma obra em nós que nos preparará melhor para caminhar segundo suas promessas. E em vez de suspeitar de Deus, levantemos louvores a Ele.

O louvor pode não mudar nossa circunstância, mas definitivamente começa a mudar nosso coração. Nem sempre escolhemos nossa situação, mas podemos escolher como as viveremos.

> *Deus Pai, agradeço muito a ti por me lembrares de que nunca sou esquecida nem abandonada. Tu me vês nesse lugar sombrio e escuro e prometes que há um propósito nisso. Traze tua vida e luz onde toda esperança parece perdida, Senhor. Mostra-me como viver de forma autêntica hoje, deixando espaço para o pesar e o louvor coexistirem. Em nome de Jesus, amém.*

35

PINCELADAS
DE COMPAIXÃO

*Portanto, como povo escolhido
de Deus, santo e amado, revistam-
se de profunda compaixão, bondade,
humildade, mansidão e paciência.*

Colossenses 3:12

Pintar era a última atividade que esperava fazer no meu aniversário de 48 anos; contudo ali estava eu, ao lado de minha mãe e irmãs, segurando um pincel pingando tinta.

Esperava-se que meu quadragésimo oitavo ano fosse um ano repleto de aventuras e liberdade. O último dos meus cinco filhos estava indo para a faculdade, e Art e eu estávamos entrando em nosso período do ninho vazio. Pensei que esse novo tempo seria tão divertido e previsível quanto um daqueles belos livros de colorir para adultos. A imagem já está perfeitamente desenhada, tudo que você tem a fazer é seguir a imagem e adicionar cor.

Nada parecia como eu imaginei que seria nesse aniversário. Em vez de planejar o futuro com meu marido, eu tentava imaginar como conseguiríamos juntar de novo essas peças estilhaçadas de nosso casamento. Em vez de sonhar, eu parecia estar presa em um pesadelo. Em um deles, eu abria o livro de colorir, e alguém havia apagado todas as linhas do meu lindo desenho.

Não havia nada além de páginas em branco. Espaços vazios. Possibilidades intermináveis de medo e de fracasso.

Falando metaforicamente, minha vida não passava agora de telas em branco.

E aí minha mãe sugeriu — não, na verdade, ela exigiu — que pegássemos algumas telas e pintássemos no dia do meu aniversário.

Pintei um barco. Todas elas pintaram anjos. E embora minha mãe estivesse certa — foi terapêutico de muitas maneiras —, também foi uma experiência de terrível vulnerabilidade.

O inimigo da minha alma não queria que eu pintasse naquele dia. Criar significava que eu parecia um pouquinho com meu Criador. Superar a ansiedade aterradora das telas em branco significava que teria para sempre mais compaixão com os outros artistas. Acredite em mim, quando coloquei os primeiros traços de azul e cinza sobre aquele vazio branco diante de mim, as palavras "não é bom o bastante" pulsavam na minha mente em tons quase ensurdecedores.

A perfeição zombava do meu barco. A proa estava muito alta, os detalhes, muito elementares, o reflexo da água, muito abrupto e a traseira do barco, muito fora de prumo. A decepção exigiu que meu foco ficasse muito no que não parecia correto.

Forcei-me a enviar uma foto do meu barco para pelo menos vinte amigas. Com cada texto que enviei, aos poucos fiquei em paz com as imperfeições da minha pintura. Não para validação, mas, antes, para confirmação de que podia ver as imperfeições na minha pintura e, ainda assim, não a considerar indigna. Podia ver as imperfeições em mim e não me considerar indigna. Foi um ato de autocompaixão.

Temos de chegar a esse estado de autocompaixão se esperamos ter compaixão verdadeira e profunda pelos outros. A decepção nos implora para ficarmos secretamente ofendidas com tudo e com todos que tenham falhas, tudo e todos que também lutem com o roteiro "não é bom o bastante". E se em vez de ficarmos tão especialmente desapontadas com todos, virmos nos outros a necessidade de compaixão?

Gosto da palavra "compaixão". Compaixão é ter consciência de que todas nós tememos as imperfeições entalhadas profundamente no nosso ego desnudado. Todas nós nos cobrimos. E, depois, ficamos todas nuas quando as vitórias passam a ser perdas.

> *Compaixão é ter consciência de que todas nós tememos as imperfeições entalhadas profundamente no nosso ego desnudado.*

E quem queremos perto de nós nesses momentos cheios de decepção e saturados de sofrimento? Aquelas pessoas que se revestem com a roupa do entendimento. Elas vivenciaram como pode ser excruciante a dor de simplesmente ser humano. Aqueles têm em mente a mensagem de Colossenses 3:12: "Como povo escolhido de Deus, santo e amado, revistam-se de profunda compaixão, bondade, humildade, mansidão e paciência".

Temos de nos revestir com cada uma dessas qualidades todos os dias, como a pintora reveste sua tela com cores que sabe que conectará sua criação com os outros. Deus quer que nós, sua criação, nos conectemos com os outros e os tragamos para a luz e vida com pinceladas de compaixão.

Você já atravessou um período inesperado de trevas e sofrimento? Esses períodos não acontecem por nada, minha amiga. Encontramos propósito e sentido doadores de vida quando permitimos que Deus pegue nossas experiências dolorosas e as use para confortar os outros.

> *Nunca a vida é mais bela do que quando você a declara bela.*

Pegue o pincel. E coloque alguma imagem e cor no vazio. A cor corrige sua perspectiva. Esqueça o desejo por zonas de conforto. Troque seu julgamento por compaixão. Ponha o pincel na tela. E declare-se uma pintora. E quando alguém tirar todas as linhas do seu livro para colorir, determine-se a colorir o mundo de toda maneira com o mesmo amor generoso oferecido por Deus todos os dias.

Você segue o caminho da artista. E amo-a por isso. Amo tudo que está prestes a ganhar vida em sua tela para a glória de nosso Criador todo-poderoso. Deus. O Redentor da poeira. O nosso Redentor. Nunca a vida é mais bela do que quando você a declara bela.

> *Deus Pai, não importa quanto esta vida me machuque, sempre quero sair do outro lado da dor amando. Ajuda-me a ser uma mulher de grande compaixão. Uma mulher que veste bem suas cicatrizes de sofrimento — compartilhando minha história de sobrevivência para que outras saibam e acreditem que a sobrevivência também é possível para elas.*
>
> *Em nome de Jesus, amém.*

Uma carta de Lysa

Amiga querida,

Saber por que algo aconteceu não ajudará em nada se não concordarmos de alguma forma com a resposta. É compreensível buscar respostas. Também quero saber o porquê dos acontecimentos.

É muito mais reconfortante, porém, convidar a paz de Deus para apenas preencher as lacunas de tudo que é desconhecido.

É quando decidimos parar de tentar sem descanso compreender as questões irrespondíveis que nossas mãos estão livres para tomar posse do que Ele tem para nós a seguir.

Deus não quer ser explicado. Ele quer ser convidado.

36

SOBRE MINHA RAIVA

*Quando vocês ficarem irados,
não pequem. Apaziguem a sua
ira antes que o sol se ponha, e não
deem lugar ao Diabo.*

Efésios 4:26-27

Eu costumava entender mal os versículos de hoje e os usava de uma forma completamente equivocada. Era muito conveniente lançar mão deles quando alguém queria ir dormir e eu ainda queria conversar sobre algum assunto que estava causando conflito.

— Ah, não, você não pode dizer que não tem mais tempo bem agora. Precisamos continuar a conversar sobre esse assunto porque a Bíblia diz: "Não deixe o sol se pôr sobre sua ira". Claramente, o sol vai se pôr, então, temos de resolver esse assunto.

As quatro primeiras palavras dos versículos de hoje, "quando vocês ficarem irados", diziam respeito ao que estava deixando passar despercebido. O versículo não diz: "Quando *vocês* ficarem irados, não pequem. Apaziguem a sua ira *antes* que o sol se ponha".

Quando lemos a Bíblia, temos de ter certeza de que lemos o que de fato ela diz, e não o que gostaríamos que ela dissesse.

Por isso, quando li o que de fato esses versículos dizem, percebi que não tratam sobre resolver todas as questões relacionais antes de o dia amanhecer. Diz respeito a conversar sobre *minha* ira, e não sobre nossa frustração.

Quanto mais leio essa passagem, é como se o escritor de Efésios, Paulo, estivesse dizendo: "Você tem de lidar com essa raiva. Não se deite com essa raiva consumindo sua mente. Se deixar isso acontecer, ela sairá de sua boca e revelará quem ou o que a controla".

Sempre que estudo a Escritura, desafio-me a voltar à primeira vez que uma palavra ou tópico é mencionado. Fiz isso com a palavra "ira´ e me vi em Gênesis 4, passagem em que encontramos o primeiro conflito relacional na Escritura. Começando no versículo 2, lemos sobre os filhos de Adão e Eva, os irmãos chamados Caim e Abel.

> *Voltou a dar à luz, desta vez a Abel, irmão dele. Abel tornou-se pastor de ovelhas, e Caim, agricultor. Passado algum tempo, Caim trouxe do fruto da terra uma oferta ao SENHOR. Abel, por sua vez, trouxe as partes gordas das primeiras crias do seu rebanho. O SENHOR aceitou com agrado Abel e sua oferta, mas não aceitou Caim*

*e sua oferta. Por isso Caim se enfureceu
e o seu rosto se transtornou. O SENHOR
disse a Caim: "Por que você está furioso?
Por que se transtornou o seu rosto? Se
você fizer o bem, não será aceito? Mas se
não o fizer, saiba que o pecado o ameaça
à porta; ele deseja conquistá-lo, mas você
deve dominá-lo". Disse, porém, Caim a
seu irmão Abel: "Vamos para o campo".
Quando estavam lá, Caim atacou seu
irmão Abel e o matou (Gênesis 4:2-8).*

Conheço a história desses dois irmãos há anos, mas deixei escapar um detalhe realmente importante. No intervalo entre Caim ficar com raiva e matar o irmão, o Senhor veio e conversou com ele. O próprio Senhor disse a Caim: "Por que você está furioso? Por que está fazendo isso? Por que está deixando a raiva consumi-lo tanto assim? Por que seu rosto se transformou?".

E, de repente, não é mais tanto sobre a história de Caim e Abel que Deus fala para mim.

E estou impressionada com esse padrão revelado por Deus para mim na Escritura: o que deixamos consumir nossa *mente* abre seu caminho para nossa *boca* revelar a fonte real do que guia nossas decisões. Confiamos em nossos desejos, emoções e frustrações inconstantes para nos ajudar a atravessar o que enfrentamos? Ou confiamos na verdade de Jesus que pode nos libertar? Temos sempre de lembrar que podemos reconhecer nossos sentimentos, cuidar do que precisa ser tratado por causa dos nossos sentimentos, mas não ser governadas por nossos sentimentos.

Veja isso aqui na história de Caim e Abel:

- **Sua mente**: Caim se recusou a humilhar-se e permitiu que sua raiva supurasse dentro dele.
- **Sua boca**: Caim não estava disposto a deixar o perdão sair de seus lábios.
- **O que o governou**: o pecado que estava agachado à sua porta dominou-o profundamente, tanto que Caim matou o irmão. Ele deu aos seus sentimentos a liberdade para ditar os seus atos, mesmo depois de Deus vir e conversar com ele.

Vi a mesma palavra "ira" em Efésios 4:26-27, 1Pedro 5:6-9 e Tiago 4:7-11, se quiser olhar os versículos. E conforme continuei a ler a Bíblia, tomei consciência de que tenho de ter propósito quando vou para a cama toda as noites.

Não posso deixar a raiva e a frustração correrem soltas por meus pensamentos.

Às vezes isso, no entanto, é difícil porque a dor está tão fresca ou a frustração é tão persistente. Esses são os momentos em que não sei o que fazer comigo mesma quando me deito na cama e os sentimentos não resolvidos simplesmente não vão embora por conta própria.

Deus não é tão gracioso que nos dá o versículo de hoje e liga essa lição valiosa a algo que todas vemos todas as noites? Quando o sol se põe, oro para me lembrar de que esse é o momento de fazer uma pausa e deixar Deus administrar quaisquer reações fortes ou potencialmente prejudiciais de ferir outras pessoas que possam nos consumir.

Não deixar que nossas emoções nos consumam não é negar o conflito que estamos vivenciando nem nossa necessidade de cuidar do assunto no dia seguinte. Diz respeito a cuidar do nosso coração para que a raiva não o deixe amargurado. O coração humano tem uma propensão a transformar a dor supurada em ódio. E é por isso que o Senhor instruiu Caim a dominar o pecado e não deixar que este o dominasse. A melhor maneira que conheço de fazer isso nos momentos em que sinto literalmente a raiva me implorar para que diga ou faça algo que trai completamente meu verdadeiro coração é dizer: "Pai, preciso que teu perdão flua de mim e através de mim neste momento para que teu Espírito possa operar em mim e limpar meu coração". Essa atitude não significa fazer pouco de minha dor nem significa negá-la; mas ponho toda a situação nas mãos de Deus para que Ele me ajude a processá-la melhor.

> *O perdão é uma graça complicada que descomplica minha raiva e me ajuda a ver a beleza de novo.*

O perdão é uma graça complicada que descomplica minha raiva e me ajuda a ver a beleza de novo.

Não leia rápido demais além dessa afirmação. Lembre-se, nossa capacidade de perdoar os outros aumenta e diminui conforme nos apoiamos no que Jesus já faz. Tenho de receber sua graça para mim e, depois, permitir que essa mesma graça flua livremente para os outros através de mim.

Esse é o Espírito de Deus operando em nós. E onde o Espírito está, o bem pode ser operado. A paz pode ser encontrada. As palavras de cura podem ser ditas. Os punhos cerrados podem ser liberados. As respostas mais gentis podem ser dadas. O progresso pode ser feito. O inimigo pode ser derrotado. Deus pode ser glorificado. E o mundo observador pode ver mais e mais da realidade de Jesus em nós.

Sobre minha raiva

Jesus, quando o sol se puser a cada dia, lembra-me de que esse é o momento de limpar meu coração de qualquer raiva e falta de perdão prolongados. Obrigada pelo perdão que estendestes a mim. Usa-me hoje como um instrumento de perdão. Em teu nome, amém.

37

A CURA DIÁRIA PARA O CORAÇÃO PESADO

Vocês, orem assim...

Mateus 6:9

Na mensagem devocional anterior falamos sobre manter o nosso coração limpo para que Jesus possa usá-lo como um instrumento de perdão para os outros.

Quero lhe mostrar hoje mais uma passagem da Escritura que nos ensina como manter nosso coração de fato limpo.

Em Mateus 6, lemos Jesus ensinado os discípulos a fazer a oração mais comumente conhecida como "Pai Nosso", a Oração do Senhor. Há muitos tópicos que Ele poderia nos ensinar para incluir em nossas orações diárias, certo? Quero dizer, se me dessem a tarefa de ensinar como orar teria medo de incluir todos os tópicos errados e deixar de fora alguns tópicos importantes.

E sabe o que talvez ficasse tentada a minimizar ou excluir? As partes que Jesus parece mais enfatizar — confissão e perdão.

Em Mateus 6:9-13, Jesus nos ensina:

Vocês, orem assim:

Pai nosso, que estás nos céus!
Santificado seja o teu nome.
Venha o teu Reino;
seja feita a tua vontade,
assim na terra como no céu.
Dá-nos hoje o nosso
pão de cada dia.
Perdoa as nossas dívidas,
assim como perdoamos
aos nossos devedores.
E não nos deixes cair
em tentação,
mas livra-nos do mal.

E, depois, Jesus, nos dois versículos seguintes logo após o Pai Nosso, acrescenta: "Pois se perdoarem as ofensas uns dos outros, o Pai celestial também lhes perdoará. Mas se não perdoarem uns aos outros, o Pai celestial não lhes perdoará as ofensas" (v. 14-15).

A importância de dar e receber perdão ocupa a maior parte da oração. Se olhar o número de palavras desse ensinamento de Jesus na NVI, o total do ensinamento tem 91 palavras. O tópico sobre dar e receber perdão ocupa 50 dessas palavras. Uau!

Esse fato chama minha atenção e me faz querer me debruçar um pouco mais sobre o que Jesus queria que fizéssemos diariamente além de apenas fazer nossas orações sobre pedir a ajuda e a provisão de Deus.

O Pai Nosso nos lembra do que o coração humano precisa todos os dias — precisamos de Deus, precisamos ser perdoados e precisamos perdoar. O que significa que o perdão supostamente tem de ser uma parte da nossa vida tanto como se alimentar e dormir.

Logo admito que não tenho nem mesmo certeza se já pratiquei esses atos semanalmente, muito menos todos os dias. E talvez esse seja o motivo por que muitas vezes sinto um sentimento pesado inexplicável dentro de mim.

O Pai Nosso nos lembra do que o coração humano precisa todos os dias — precisamos de Deus, precisamos ser perdoados e precisamos perdoar.

Vivemos em um tempo em que ser ofendido parece quase andar de mãos dadas com estar viva. Quase todos são ofendidos de forma épica por algo. Quase todos têm relacionamentos problemáticos. E apostaria que quase nenhuma de nós ora diariamente de fato com confissão e perdão como Jesus nos ensina a orar.

Serei a primeira na fila a levantar a mão e admitir esse fato a meu respeito. É muito fácil me sentir ofendida. E muitas vezes não perdoo; mas quero mudar essa realidade. Quero amadurecer quanto a isso.

E lembre-se, sentir raiva é diferente de viver tomada pela ira. Sentir-se ofendida é diferente de viver ofendida. Sentir-se cética é diferente de viver mergulhada no ceticismo. Sentir-se errada é diferente de viver no erro. Sentir-se ressentida é diferente de viver tomada pelo ressentimento. Jesus sabe que temos todos esses sentimentos, em especial quando há tanta imprevisibilidade em nossas circunstâncias, relações e até mesmo em nossas emoções. Por isso,

Jesus nos deu uma oração que deve ser feita a cada dia e que nos ajuda a avançar em tudo que enfrentamos hoje com confissão e perdão.

Sei que não faço isso com perfeição, mas isso não significa que não tento fazer com perfeição.

Algumas semanas atrás, alguém que eu tentei ajudar me pegou completamente de surpresa com uma reação que pareceu muito estranha e honestamente imerecida. Fiquei magoada. Tudo que queria fazer era deixar de ajudar e dar lugar a um desabafo completo da minha mágoa com a atitude dela. Eu podia sentir a amargura aumentando.

Mas, em vez de reagir de imediato, lembrei-me como mais cedo naquela manhã eu tinha orado o Pai Nosso e confessado ao Senhor várias coisas em que meu coração precisava ser trabalhado.

Decidi de antemão naquele dia perdoar quem fizesse ou dissesse algo que pudesse me magoar ou provocar uma emoção forte em mim.

Em vez de deixar minha raiva vir à tona e causar mais mágoa e sofrimento, simplesmente deixei minha raiva me dizer que algo tinha de ser consertado entre mim e minha amiga. Perguntei a ela se podia vir à minha casa e talvez, em vez de tentarmos descobrir o que estava errado ou conversar sobre isso, pudéssemos orar juntas a respeito do assunto.

A confissão interrompe o ciclo de caos dentro de mim.

Deixo o Jesus presente em mim conversar com o Jesus presente nela. Deixo o Jesus nela conversar com o Jesus em mim. Enquanto oramos, a paz mais inexplicável lavou nós duas. Essa situação não resolve necessariamente o problema em questão, mas impede que o caos acrescente mais dor, mais confusão e mais oportunidades para o ressentimento.

O Pai Nosso preparou meu coração para algo que nem mesmo eu sabia que aconteceria mais tarde naquele dia.

O melhor momento para perdoar é antes de sequer sermos ofendidos.

O segundo melhor momento para perdoar é agora.

Jesus, obrigada por me ensinares como orar — às vezes não necessariamente a oração que quero, mas a oração de que preciso. Ajuda-me a lembrar hoje que a confissão e o perdão fazem bem ao meu coração, que ajudam a diminuir o caos e a suavizar o peso que sinto às vezes bem no fundo da alma. Em teu nome, amém.

38

MAIS QUE PÓ E OSSOS

*E Deus viu tudo o que havia feito, e tudo
havia ficado muito bom. Passaram-se a
tarde e a manhã; esse foi o sexto dia.*

Gênesis 1:31

Lembre-se de quem você é.

Eu disse essas palavras para meus filhos milhares de vezes
quando eram mais jovens. Queria que se lembrassem que
eram filhos do Deus todo-poderoso. Eu sabia que se lembrassem essa verdade, eles seriam mais capazes de vivê-la.

Gênesis 1 e 2 trazem esse tipo de lembrete para nós.
Lembrete de que precisei quando meu coração foi partido e eu conseguia sentir tudo de bom escapando pelos
vãos dos dedos. Naquela época, senti-me tão insignificante.
Tentava seguir em frente depois do sofrimento doloroso
da traição. Continuava a perguntar: "É possível se curar de
algo assim?". Enquanto navegamos por um mundo cheio
de sofrimento e de corações, com tanta frequência, cheios
de vergonha, esses dois primeiros capítulos da Bíblia parecem Deus sussurrando para nós: "Lembre-se de quem você
é. Lembre-se de como a designei. Lembre-se de tudo que a
chamei para ser".

Quando Deus formou e modelou este mundo e suas criaturas, sua bondade permeou cada pensamento e toque na criação. E quando Ele terminou a criação, Gênesis 1:31 diz que "Deus viu tudo o que havia feito, e tudo havia ficado muito bom".

Amo o fato de Deus ter declarado que Adão e Eva fossem excessivamente bons, embora os ingredientes reais que tenha usado para criá-los fossem aparentemente muito humildes e básicos. Pó e um pedaço de osso quebrado não parecem um início dos mais promissores.

Esses ingredientes, se deixados por conta própria, não resultariam em nada. Eram insignificantes. Inaceitáveis.

Esses ingredientes, no entanto, quando escolhidos por Deus e, depois, soprados e tocados pelo Senhor passam a ser a única parte da criação feita à imagem de Deus. Era o "nada" transformado em "algo" mais glorioso. Criados para ser um reflexo da imagem de Deus. Esses portadores da imagem tornaram visível uma imagem do Deus invisível.

Não quero que deixemos passar o significado de Gênesis 2:18 quando Deus disse que faria uma auxiliadora adequada para Adão.

A palavra hebraica para adequado é נֶגֶד, *neged*, cujo sentido é "o que está na sua frente, na sua vista, diante da sua face, em sua visão". Portanto, essa palavra "adequada" dá sentido para o tipo de auxiliadora que Adão precisava. Além de precisar de ajuda para trabalhar o jardim ou de alguém unicamente designado para ser capaz de ter filhos. Adão precisava de algo visual — algo que estivesse na sua frente para que pudesse ver. Essa ideia me parece ser um reflexo dele. Não como um espelho refletindo apenas o que se coloca na frente dele. Nada disso, esse reflexo é mais como um lembrete de que o que está na frente dele é um reflexo da imagem de Deus.

Parece que Eva, ao ser uma auxiliar adequada para ele, tinha de ser um lembrete de quem Adão era — um ser humano feito à imagem de Deus. Um reflexo da glória e bondade de Deus. Esse era um lembrete do qual Eva também precisava. E juntos eles encheriam a terra com a glória de Deus. Não apenas para ser férteis e encherem a terra com filhos, mas para multiplicarem a evidência do próprio Deus (Gênesis 1:28).

A forma deles, à imagem de Deus, declarava ao mundo: "Deus é digno de louvor". E declarava uma para a outra: "Lembre-se quem você é. Você é de Deus. De Deus. Criada à imagem dele. Amada do fundo do coração paterno e incomensurável de Deus. Entesourada além da imaginação".

Esse é o Eco Divino. Foi para isso que Adão e Eva foram chamados e nós também fomos. Não apenas as pessoas casadas, mas cada pessoa com um coração que bate. E quanto mais lembrarmos umas às outras quem somos de fato, mais a bondade e a glória de Deus ecoarão por toda a terra.

> *"Lembre-se quem você é. Você é de Deus. De Deus. Criada à imagem dele.*

Não somos apenas pó e osso.

Não somos o que fazemos ou o que é feito para nós.

Não somos o pior do que outros dizem a nosso respeito.

Somos o próprio sopro e toque de Deus. Designadas e amadas por Deus. Um reflexo da glória e bondade de Deus.

Essas são as verdades que eu precisava lembrar a meu respeito. Sou muito mais do que a soma de meus pesares, meus sofrimentos e minhas inseguranças. Talvez também é o que você precisa ser... por isso, deixe-me sussurrar para sua alma: "Lembre-se de quem você é".

*Deus Pai, ser portadora da tua imagem
é uma dádiva de humildade e de beleza.
Ajuda-me a mudar como vejo a mim mesma e
aos outros. Mostra-me se há alguém que estive
vendo através das lentes do sofrimento e da
vergonha, em vez de através de tuas lentes
divinas do amor. Quero que minha vida seja
uma declaração da tua bondade e glória.
E quero falar vida e verdade para os corações
feridos que já se esqueceram de quem são.
Em nome de Jesus, amém.*

39

QUANDO SEU
MARIDO DESISTE

Tu criaste o íntimo do meu ser e
me teceste no ventre de minha mãe.
Eu te louvo porque me fizeste de modo
especial e admirável.
Tuas obras são maravilhosas!
Digo isso com convicção.

Salmos 139:13-14

Conheço a desesperança dilacerante de um relacionamento que está se desfazendo.

O silêncio. A rejeição. As palavras duras. A ausência de intimidade. As perguntas. A falta de respostas. A dor.

Nos primeiros dias e meses que se seguiram à descoberta dilacerante do caso do meu marido, lembro-me de desejar dormir como quando estamos anestesiadas. Por que os anestesistas só são chamados quando você é aberta cirurgicamente? Quando você está sendo rasgada emocionalmente, isso não é menos doloroso que uma cirurgia.

O choque, a mágoa e a implosão do relacionamento impactaram todas as esferas de minha vida. Nada ficou intocado e tudo foi danificado. E eu sentia essa dura realidade todos os dias.

Os dias se transformaram em meses. Os meses se transformaram em anos. E aos poucos me transformei em alguém irreconhecível. Meu espírito forte, mas normalmente tranquilo, passou a ser uma mistura confusa de ansiedade, ataques de pânico e dor tão intensa que chegou a cegar a alma a ponto de pensar que nunca mais me sentiria saudável ou recuperaria um senso de normalidade de novo. E, por ter passado por tanta coisa, era muito difícil processar, uma nuvem escura começou a ensombrecer minha visão de mundo que costumava ser muito otimista.

Sou eternamente grata por meu casamento ter sido reconciliado, mas isso não significa que a estrada da cura de algo tão doloroso é fácil ou que a jornada não pareceu dolorosamente longa.

Por isso meu coração dói por qualquer pessoa que esteja em um casamento em crise.

E acho que uma das mágoas mais profundas é quando um dos cônjuges se resigna enquanto o outro ainda está tentando. De alguma forma surge um pânico para fazer a outra pessoa acordar, interromper a resignação e acabar com toda a destruição.

Uma situação assim é muito mais complicada do que as respostas simples que posso oferecer aqui. E quer você seja casada, quer não, quero lhe dar um ponto de partida no qual se firmar hoje seja em que situação for que sinta pânico:

Decida hoje que você é digna.

Porque você é. Digna. Você pode não se sentir assim, mas uma leitura rápida do salmo 139 me garante que você é digna. Você é *temível e maravilhosamente criada* por um Deus amoroso que se importa com você; que ama você. E prefiro depender da verdade sólida de Deus do que de uma montanha-russa de sentimentos inconstantes.

Você é linda, e cativante, e esperta, e capaz; mas se você estiver em um relacionamento repleto de expectativas não realizadas, de problemas não resolvidos e com comunicação frustrante, suspeito que se sinta um pouco parecida com tudo que descrevi.

As relações desmoronadas podem de fato desmoronar uma mulher.

E se você for como eu, quando se sente desmoronar, as pessoas ao seu redor recebem o seu pior. Depois disso, você ainda põe o arrependimento, a vergonha e a sensação de que se perdeu em toda sua dor e ansiedade. Perdeu aquela menina interior que costumava ser positiva e feliz, sempre preparada para assumir o mundo.

> *Decida hoje que você é digna. Porque você é.*

Posso sussurrar uma verdade terna para você? A única maneira de recapturar essa menina interior é respirar fundo e se lembrar: *você é digna porque o Criador do universo diz que você* é.

Portanto, você pode agir de forma digna.

Decida hoje que você é digna. Porque você é.

E deixe de lado o lixo emocional para tomar decisões equilibradas. Faça um plano. Converse com pessoas sensatas que amem você, deem conselhos piedosos e façam essa dura jornada com você.

Trace, se for necessário, alguns limites saudáveis e úteis com seu marido.

Ore como louca pedindo discernimento claro. Porque Jesus é a melhor fonte de ajuda.

Os clamores por ajuda honestos levantados para Jesus não deixam de ser ouvidos. Ele vê. Ele sabe. Ele ama. E Jesus a guiará contanto que você segure a mão dele.

Lembre-se, você não pode controlar como os outros agem e reagem, mas pode controlar como você age e reage.

Oro para que seu relacionamento sobreviva. Oro com todas as fibras do meu ser. Mas se isso não acontecer, oro acima de tudo para que a bela mulher que você é surja acima de tudo que desmorona, ainda se agarrando firmemente à única opinião que importa — à daquele que para sempre a chama de digna.[1]

> *Senhor amado, quando meu casamento está em luta, sinto-me consumida pelo sofrimento e pelo medo. Ajuda-me, por favor. Preciso me apegar à tua verdade de que sou digna. E Deus, por favor, mostra-me os passos sábios e curadores que posso dar agora mesmo. Em nome de Jesus, amém.*

---

[1]Tirado do livro *Encouragement for Today: Devotions for Everyday Living* por Renee Swope, Lysa TerKeurst, Samantha Reed e a equipe de Provérbios 31, © 2013 by Proverbs 31 Ministry. Usado com permissão de Zondervan, <www.zondervan.com>.

Uma carta de Lysa

Querida amiga,

Isto é o que quero lhe dizer enquanto você continua processando as situações desafiadoras no relacionamento: não deixe a falta de perdão pesar em sua vida. Você merece deixar de sofrer pelo que a outra pessoa fez a você.

Por isso, faça de hoje o dia de começar a deixar de lado todas as frustrações, ressentimentos e rancores.

Você não precisa editar suas palavras para Deus. Precisa apenas colocá-las para fora. Abra o arquivo do caso e examine a prova. Não a use contra os outros, mas veja tudo à luz da verdade de Deus. Deixe-o revelar o que você precisa aprender com tudo isso e leve as lições com você, mas não use seu sofrimento como uma arma contra os outros.

Essa prova coletada não é um tesouro nem um souvenir provando as dificuldades pelas quais passou nem é, tampouco, sua arma secreta para fazer justiça. Não passam de fragmentos. Embora você acredite que essa prova protege você e deixa seu mundo melhor, ela não cura seu coração.

Sinto muito por como você foi machucada por eles. E não sei por que fizeram o que fizeram ou saíram quando saíram. Meu palpite é que eles acharam que você ficaria melhor sem eles ou não pensaram de modo algum em você. Eles não podiam vê-la como você precisa ser vista nem a amar como você deseja. Apenas tinham de ir. No entanto, as respostas sobre por que isso aconteceu não são o que você precisa. Esperar por algo deles a mantém refém do que a outra pessoa pode jamais estar disposta a dar.

Quando deixamos o sofrimento ir e os ressentimentos vão embora, recebemos uma perspectiva — realmente uma grande dádiva. Essa perspectiva traz um sentimento de reavivamento e a certeza de sobrevivência em seu coração e em sua mente. Não desista, não se entregue; não se perca ao longo do caminho. Persevere se esforçando e, por fim, deixe a prova ir embora.

Seu coração ficará mais leve, seu estado de espírito, muito mais luminoso e, agora, a vida poderá prosseguir.

40

Cinco coisas para dizer a uma amiga hoje

*Alegrem-se na esperança, sejam
pacientes na tribulação, perseverem na
oração. Compartilhem o que vocês têm
com os santos em suas necessidades.
Pratiquem a hospitalidade.*

Romanos 12:12-13

Lembro-me como se fosse hoje de me sentar no meio do ginásio fedorento da escola.

Sobrevivi a momentos vergonhosos e muito temerosos enquanto trocava meu uniforme de educação física no vestiário das meninas. E agora estou sentada nos duros bancos ouvindo o chiado dos tênis no piso, a cadência desigual de bolas quicando, o apito agudo da professora, e as meninas rindo atrás de mim.

Elas não riam "comigo". Isso significaria que eu era aceita, querida e convidada a fazer parte do grupo delas.

Não, nada disso, elas riam "de" mim.

Era o assunto das fofocas delas. Era a anedota das piadas delas. E isso doía.

Imagino que você saiba que isso dói muito. Mude o cenário e as pessoas, e essa mesma dor pode ser encontrada em boa parte da nossa vida:

- Quando seus colegas de trabalho planejam almoçar juntos, mas não a convidam.
- Quando as outras mães da pré-escola dizem: "Várias de nós, mães, estamos preocupadas com o fato de seu filho ser agressivo no parquinho de diversões".
- Quando a rede social de todas elas faz o casamento parecer um sonho super-romântico enquanto você chora até dormir.

Por outro lado, também existem aqueles belos momentos em que uma amiga se aproxima com um sorriso gentil e profere algumas palavras simples de encorajamento e, de repente, você não está mais sozinha.

Quero ser essa amiga para você hoje. Por meio deste devocional, passamos muito tempo cavando nossas histórias para que possamos seguir em frente como pessoas saudáveis e inteiras. Mas há um outro passo. Podemos usar nossa cura para criar oportunidades de cura para outras.

Posso desafiá-la com o que acredito ser as cinco melhores frases para dizer a uma amiga? E, depois, você pode presentear uma amiga com essas frases hoje?

Essa lista é de nossos versículos de hoje, Romanos 12:12-13.

1. "VOCÊ É MARAVILHOSA."

(Romanos 12:12: "alegrem-se na esperança")

O mundo é rápido em lhe dizer as maneiras que você fica aquém do esperado. Estamos muitíssimo conscientes de nossas faltas e fragilidades. Por isso, lembrar uma amiga de formas específicas que ela é uma amiga, mãe, esposa, colega de trabalho e pessoa maravilhosa é um presente incrível. Esse é um cumprimento mais que justo. Ajuda a infundir um pouco de alegria na esperança dela.

2. "Eu também."

(Romanos 12:12: "sejam pacientes na tribulação")

É uma bênção lembrar uma amiga de que todas nós temos aflições, mágoas, falhas e pontos sensíveis. Todas nós ficamos doentes tanto emocional quanto fisicamente.

A amiga paciente dá graça livremente porque ela precisa desesperadamente de graça para ela mesma. A frase "eu também" é uma forma de reconhecer que não sou melhor do que você, mas juntas ficamos mais fortes. Admitir estarmos juntas em tudo isso é tão amoroso e apaziguador.

3. "Orarei."

(Romanos 12.12: "perseverem na oração")

Não seria maravilhoso dizer a uma amiga que toda vez que você vê uma cor, um objeto ou um número específico usa essa recordação como um lembrete de orar por ela? E quando orar, mande uma mensagem rápida para ela saber que você ora por ela.

4. "Compartilharei."

(Romanos 12:13: "compartilhem
o que vocês têm com os santos em
suas necessidades")

Quando percebemos uma necessidade na vida de uma amiga, estamos dispostas a interferir e fazer parte da solução?

Recentemente, tive uma amiga cujos planos de casamento foram cancelados por causa da covid-19. Minha família reuniu nossos recursos e planejou um pequeno casamento para eles em oito horas. Não foi o dia perfeito que tinham imaginado, mas mostramos para eles da melhor forma que podíamos que queríamos deixar o dia deles bonito. E nós, percebendo a necessidade e compartilhando o que tínhamos para tornar o dia dela especial, criamos as memórias mais doces para ela. Essa amiga escreveu mais tarde em uma postagem em sua rede social: "Foi o dia mais mágico da minha vida".

> *Descobri que, quando temos a intenção de aliviar a dor da solidão nas outras pessoas, vemos como a dor é lindamente abrandada em nós.*

5. "Apareça aqui em casa."

(Romanos 12.13:
"pratiquem a hospitalidade")

Receber com carinho e alegria uma amiga no espaço sagrado de nossa casa é um gesto necessário. Há algo especial a respeito dos relacionamentos que ficam menos artificiais, quando falamos olho no olho, cara a cara, e conversamos. Conversamos de fato.

Com o pão partido compartilhamos o coração partido. E, depois, celebramos as partes de nós que ainda estão intactas. Damos as mãos por cima da mesa e ignoramos nossas diferenças para agarrar o elo precioso da amizade.

Descobri que, quando temos a intenção de aliviar a dor da solidão nas outras pessoas, vemos como a dor é lindamente abrandada em nós.

Senhor amado, obrigada pela dádiva da amizade que tenho com as mulheres com quem posso compartilhar a vida. Oro hoje para que me mostres como enaltecer, encorajar e satisfazer uma necessidade daquelas ao meu redor na minha comunidade. Põe alguém no meu coração hoje que precisa de um toque de amor e de encorajamento. Em nome de Jesus, amém.

41

QUE A AMARGURA SEJA UMA SEMENTE DE POSSIBILIDADES, E NÃO UMA RAIZ

Cuidem que ninguém se exclua da graça de Deus; que nenhuma raiz de amargura brote e cause perturbação, contaminando muitos.

Hebreus 12:15

Por mais que a perda faça parte da nossa vida, ela dói.

Todas nós perdemos pessoas que uma vez abraçamos, e seguramos, e nos conectamos de alguma forma. E independentemente de elas irem embora, mudarem-se, afastarem--se, desaparecerem ou morrerem, o afastamento cria um sentimento fantasma que faz com que, por hábito, estenda-mos a mão para alcançar essas pessoas, mas elas não estão mais ali.

Ligamos para elas sem sucesso. Passamos o dedo pelas fotos, mas não conseguimos mais sentir o calor da pele. A perda das brincadeiras apenas nossas, os sussurros e os conflitos compartilhados tarde da noite, os passeios em grupo e os piqueniques, as opiniões diferentes e todas as outras milhões de pequenas coisas diárias feitas "juntas". A história de nossa vida incluía nós duas. E agora não mais.

A perda também é uma evidência de que antes havia algo ali, embora não esteja ali agora. E por mais doloroso que possa ser apoiar-se na perda e no desgosto recentes, também podem ser um bom remédio para a amargura.

Não leia essa última sentença rápido demais ou seu cérebro pode inverter as palavras para ler: "Apoiar-se em um desgosto recente pode ser o *motivo* para a amargura". Embora isso seja verdade, às vezes a forma como você entra em uma caverna escura é na verdade a solução para encontrar a saída.

Se a perda é a maneira de a amargura nos assolar, talvez revisitar o pesar ajude a encontrar uma saída.

Primeiro, deixe-me declarar a verdade óbvia de que isso parece estranho porque a perda e o pesar resultantes são com frequência a causa da amargura. Entendo isso. Quando sua perda pessoal é causada por causa da insensatez, do egoísmo, da mesquinhez ou da irresponsabilidade de outra pessoa, o pesar logo convida a amargura, que você nem mesmo sabia ser capaz de sentir, para entrar em sua vida.

> *O pesar logo convida a amargura, que você nem mesmo sabia ser capaz de sentir, para entrar em sua vida.*

A amargura, no entanto, em vez de ser apenas uma visitante convidada, entra sem permissão em seu vazio. Na hora você pode nem perceber ou reconhecer o que é porque, de início, o sentimento de amargura parece bem justificável e estranhamente útil.

Com o tempo, a amargura não quer ser apenas algo que desperta algum sentimento. Quer se tornar seu único sentimento. A amargura não quer apenas espaço em você; ela quer consumir completamente tudo que diz respeito a você. Hebreus 12:15 nos adverte: "cuidado para que [...] nenhuma raiz de amargura brote e cause perturbação, contaminando muitos".

Veja, a amargura veste o disfarce de outras emoções caóticas difíceis de serem atribuídas à fonte original do sofrimento.

Não tenho o menor desejo em meu coração de evocar qualquer tipo de condenação ou lançar qualquer tipo de culpa em sua direção. Estou ocupada demais administrando minhas próprias emoções em torno desse sentimento. Mas o que estou dizendo na segurança destas páginas, sem qualquer tipo de refletor sobre você, é isto: apenas considere em que tipo de perda ou vazio em sua vida a amargura pode ter se alojado.

A base da amargura não é o ódio, mas *o sofrimento.* Isso não é uma justificativa para a amargura, mas antes uma observação que pode nos ajudar a não nos sentirmos tão defensivas. Os sentimentos amargos, quando surgem, estão em geral ligados às profundas complexidades de ser ferido de formas profundas e injustas, de modos que mudam tanto sua vida que é quase inconcebível acreditar que o perdão é apropriado.

A amargura não é encontrada em geral naquelas cujo coração é duro, mas naquelas que são mais ternas. Não que elas sejam frias; elas apenas se sentem inseguras. São pessoas afetuosas que confiaram em alguém ou em algumas pessoas em quem deveriam confiar. E elas se sentiram tolas quando a confiança que deram como um presente foi pisada e estilhaçada. As arestas cortantes deixadas pela confiança estilhaçada as cortam no âmago, e a resistência que demonstram agora em relação a outras pessoas é muitas vezes o simples medo de ser ferida de novo. A dureza é, com frequência, exatamente o oposto da maneira como o coração delas foi feito para operar, mas é a única maneira de se proteger que elas conhecem.

A amargura não é uma indicação de potencial limitado nos relacionamentos.

O coração amargo é, em geral, o coração com a maior capacidade para amar profundamente. Mas você, quando ama profundamente, corre um risco maior de ser ferida em seu íntimo. E quando essa ferida profunda acontece, parece engaiolar o amor que antes corria desenfreado e livre. O amor engaiolado muitas vezes contém um clamor amargo.

> *O amor engaiolado muitas vezes contém um clamor amargo.*

Ser amarga não se compara a ser uma má pessoa. A amargura na maioria das vezes é sinal de uma pessoa com grande potencial para o bem que preencheu o vazio das perdas com sentimentos que são naturais em momentos de pesar, embora não sejam nem um pouco úteis. Agora, deixe-me perguntar a você: *o que é a amargura para você?*

Um sentimento?

Um coração duro?

A evidência de um pesar não processado?

As declarações feitas que machucam porque você foi ferida?

Talvez a amargura seja uma combinação de tudo isso e mais um tanto. Conversaremos mais sobre o que fazer com nossa amargura na mensagem devocional seguinte. Mas hoje quero dar a você mais uma possibilidade para o que é a amargura. *E se a amargura for de fato uma semente de belas possibilidades ainda não semeadas no rico solo do perdão?*

E se esse for o caso?

Pare e escolha meditar em tudo isso. A dor aguda da perda. A doçura da possibilidade. A culpa de como você pode ter usado sua dor como arma para ferir os outros. O perdão de um salvador compassivo. A honestidade de reconhecer que o ressentimento não deixou nada melhor nem mais pacífico.

A consideração de como deixar a ternura entrar de novo.

A vibração de mais potencial de cura.

A consciência mais profunda de que há mais beleza a ser vista neste mundo, mesmo em meio à perda... ou, melhor ainda, especialmente por causa da perda.

Deus, sei que estás próximo de mim quando vivencio a perda. Ajuda-me a processar minha dor de uma forma saudável, de uma forma que libere a amargura do meu coração. Mostra-me onde a amargura pode estar escondida em mim para que possa verdadeiramente seguir adiante na beleza do perdão e tirar o peso da minha dor e o sofrimento do meu passado. Em nome de Jesus, amém.

42

A CURA É UM PROCESSO

Humilhem-se diante do Senhor,
e ele os exaltará.

Tiago 4:10

Em uma noite em que meu marido, Art, e eu saímos para namorar, compramos um cartão de aniversário para um amigo com quem fazia muito tempo que não conversávamos nem víamos.

Enviar um cartão como esse é algo bom. O cartão dizia: "Amo você e amo essa data especial que me leva a celebrar você". Aquele cartão e aquela relação eram diferentes.

Foi uma escolha difícil porque esse amigo não estava mais na minha vida. Durante o período em que mais precisei deles, eles foram estranhamente ausentes. E convenceram outras pessoas a terem a mesma atitude, o que me feriu ainda mais.

Assim, em um ponto profundo do meu ser, decidi que essa pessoa não teria mais espaço no meu coração, no meu calendário nem na minha lista de cartões de feriados.

Mas ali estávamos nós, abrindo uma exceção. Eu estava abrindo espaço para eles, e eu não tinha nenhuma certeza do porquê.

Depois de nosso jantar, decidimos juntos o que escrever no cartão. E, a seguir, em algum momento, Art selou o envelope. Coloquei o selo do lado de fora e lembro de pensar: "uau... olhe para mim. Sou a pessoa superior aqui. Com certeza estou indo bem com todo esse negócio de cura".

Reconhecemos mais uma vez que enviar o cartão era o certo a fazer. Depois, dirigimos até o correio e postamos o cartão, e foi isso.

Até que, uma hora depois, recebi um e-mail frustrante sem relação alguma com a pessoa para quem enviamos o cartão mais cedo. O e-mail era de alguém que não fizera da forma apropriada um trabalho pelo qual paguei e agora ele estava me cobrando um tempo extra para consertar o erro cometido.

Em circunstâncias normais, isso teria apenas causado um simples telefonema para a pessoa e teríamos uma discussão objetiva sobre o problema. Em vez disso, toda a minha racionalidade parecia paralisada. Sentia-me injustiçada. Senti que tiravam vantagem de mim, e a raiva me assolou de uma forma desproporcional para a situação. Felizmente, não respondi ao e-mail naquele momento.

A amargura... corroendo tudo em que toca.

Esse sentimento de "injustiça" era como um imã atraindo todos os outros sentimentos de erros não confrontados. Embora a pessoa para quem eu enviei o cartão não tivesse nada a ver com a cobrança inesperada, a emoção que eu sentia conectou os dois eventos como um só.

E mesmo que eu não quisesse admitir, a amargura estava fervendo dentro de mim.

A amargura não é apenas um sentimento. É como um ácido líquido se infiltrando cada parte do nosso ser e corroendo tudo em que toca. Ela não só alcança lugares não curados, mas também consome tudo que está curado e saudável em nós. A amargura não poupa coisa algum. A amargura em relação a algo serão somadas a outras amarguras escondidas em nosso interior. Ela sempre intensifica nossas reações, distorce nossa perspectiva e nos afasta cada vez mais da paz.

Em vez de conversar sobre assuntos alegres e positivos em nosso encontro, falei muito sobre como é frustrante quando as pessoas são maldosas e nocivas.

Art ouviu meu desabafo. E, depois, ele me perguntou calmamente:

— Lysa, você está com raiva por não ter visto evidências de Deus defendendo você?

E aí estava o problema.

Um momento de absoluta clareza. Isto era sobre Deus?

Odiei o fato de Art ter feito essa pergunta. E amei ele tê-la feito.

Engoli com dificuldade. E respondi a ele:

— Sim, é por isso que estou com raiva. Não entendo por que Deus não mostrou a essas pessoas como estavam erradas em fazer isso nem por que não as fez se sentirem condenadas por toda a devastação que causaram.

— Como você sabe que ele não fez isso? — perguntou Art.

Recusando-me a deixar minha maturidade espiritual aperfeiçoar minha resposta, falei sem pensar:

— Porque elas não voltaram até mim para reconhecer o erro nem para se desculpar por ele.

— E talvez elas nunca façam isso. Mas isso não é evidência contra Deus. Quer dizer apenas que elas estão no processo — replicou Art calmamente.

O processo. Essas pessoas têm um processo; mas eu também tenho. E acho que está hora de fazer progressos no meu processo.

E enquanto absorvia isso dentro de mim, percebi que há algo que precisa ser acrescentado ao meu processo: humildade.

Tiago 4.10 diz: "Humilhem-se diante do Senhor, e ele os exaltará".

> *A humildade se abaixa e percebe que só Deus tem o que realmente quero.*

A minha humanidade se levanta e exige que eu seja declarada a pessoa certa. A humildade se abaixa e percebe que só Deus tem o que realmente quero.

Voltar meu coração para a amargura é me afastar de Deus. Então eu me curvo, não porque quero fazer isso, mas porque preciso. Oro: "Libero minha necessidade de que isso pareça justo. Mostre-me o que preciso aprender".

Por favor, entenda, não digo que os sentimentos são ruins ou errados. De maneira alguma. Mas o que fazemos com esses sentimentos é o fator determinante quanto a se ficaremos presas em nossa dor ou se encontraremos perspectivas de cura. Sei que estou presa na dor quando me sinto provocada minhas emoções são desencadeadas pela menção da pessoa que foi a fonte do sofrimento.

Tenho a escolha de continuar acrescentando minha mágoa e ressentimento à equação ou posso fazer a escolha rara de acrescentar minha própria humildade. Minha raiva e meu ressentimento exigem que todos os erros sejam corrigidos. Esses sentimentos também continuam a me envenenar desencadeando minhas emoções vez após vez.

Sei que estou me curando quando o nome da pessoa que me feriu é mencionado e penso em uma lição de vida e, com uma perspectiva melhor, faço as melhores escolhas. Tudo isso é um processo... um processo que tem de se iniciar em algum ponto.

Eu sabia que devíamos enviar aquele cartão de aniversário. Mas quando o colocamos na caixa do correio, minhas emoções ainda não tinham votado a favor dessa ideia. E tudo bem.

Nossas emoções, às vezes, são a última coisa a alcançar o lugar da cura. Enviar o cartão era como se eu estivesse cumprindo uma obrigação, mas talvez fosse uma atitude de obediência.

Esse cartão fazia parte do processo de cura.

Não tenho de saber se fará diferença na vida daquela pessoa. Fez diferença na minha vida. Faz parte do meu processo de cooperar com Deus. E é necessário. E é bom.

Deus, entrego essa situação para ti. Libero minha necessidade de um pedido de desculpa. Libero minha necessidade de isso parecer justo. Libero minha necessidade de que declares que estou certa; e eles, errados. Quero abraçar o que talvez estás me ensinando por meio dessa situação. Dá-me tua paz no lugar da minha raiva. Em nome de Jesus, amém.

Uma carta de Lysa

Minha amiga,

Nunca subestime a beleza nem o poder de momentos aparentemente pequenos. Os pequenos atos de bondade. As simples palavras de encorajamento. Ignorar uma ofensa. Ceder a vez para alguém. Ser paciente com uma criança. Ser generosa com o próximo.

Quando chegarmos ao céu, acho que seremos surpreendidas com o que de fato importa mais… o que de fato acusa o mundo… o que de fato cumpre o propósito para o qual fomos criadas.

Procure oportunidades para lembrar as pessoas do amor de Deus mesmo nos menores momentos de hoje.

43

Um declive escorregadio

*Para abrir-lhes os olhos e convertê-los
das trevas para a luz, e do poder de
Satanás para Deus.*

Atos 26:18

Minha amiga, fizemos muito progresso juntas ao longo destas páginas. Enquanto seguimos em frente na cura do sofrimento do passado, acho importante conversarmos hoje sobre as maneiras de nos protegermos de voltar para os antigos padrões e pensamentos.

Um dos padrões perigosos é justificar algo que sabemos não ser o melhor de Deus.

Se você já se sentiu sendo arrastada para uma situação proibida, mas estimulante, sabe exatamente do que estou falando. É o argumento ao qual você pode recorrer quando perceber um sinal vermelho, mas você quer se convencer de que consegue lidar com a situação. *Estou apenas me divertindo um pouco. Isso nunca vai significar nada. Isso apenas me dá algo pelo que esperar.*

Você ignora a condenação.

Você guarda segredos das pessoas que sabe que a fariam amavelmente prestar contas.

Você torce a verdade.

Você finge.

E esquece o apetite voraz que o pecado tem. O pecado pode não parecer grande coisa à primeira vista. Mas como o apologista Ravi Zacharias disse: "O pecado leva você mais longe do que você pretende ir, o mantém mais longe do que gostaria de estar e custa a você mais do que você gostaria de pagar".[1]

> *o pecado desencadeia consequências que roubam a nossa paz, diminuem nossa integridade e nos causam sofrimento que nunca vale a pena.*

É isso mesmo, o pecado desencadeia consequências que roubam a nossa paz, diminuem nossa integridade e nos causam sofrimento que nunca vale a pena.

Foi exatamente isso que aconteceu a uma amiga quando um homem simpático do trabalho começou a prestar atenção nela. Seu casamento passava por um período difícil, e ela estava cansada de tentar fazer dar certo. Ela se pegou fazendo um esforço extra na hora de se vestir de manhã e ficando mais que disposta a trabalhar até tarde.

Ela sentia uma fagulha em seu coração toda vez que ele se aproximava. Logo eles começaram a conversar em segredo. Mandando mensagens em segredo. Encontrando-se em segredo. E ela desceu o declive escorregadio.

---

[1] GoodReads.com, <https://www.goodreads.com quotes / 746709 -sin -will-take-you-farther-than-you-want-to-go>.

O declive escorregadio tinha um importante sinal indicador: as coisas são feitas em segredo.

No minuto em que começamos a esconder fatos daqueles que nos amam, a fazer coisas de maneira sorrateira, a mentir ou dizer meias verdades e a imaginar maneiras de esconder as evidências da nossa atividade — estamos em um declive escorregadio. E descemos o declive rapidamente.

Satanás é o mestre das trevas. Enquanto ele puder nos manter operando em nossos segredos sombrios, somos enganadas. Como Eugene Peterson parafraseou Atos 26:17-18 em *A Mensagem*:

> *Eu o envio para abrir os olhos dos que*
> *não me conhecem, assim, eles verão*
> *a diferença entre a luz e a escuridão*
> *e poderão escolher a luz; verão a*
> *diferença entre Deus e Satanás e*
> *poderão escolher Deus. Eu o envio*
> *para apresentar minha oferta de*
> *perdão dos pecados e de um lugar na*
> *família de fé. Você irá convidá-los a*
> *fazer companhia aos que vivem de*
> *verdade porque creem em mim.*

Ah, minha querida amiga, precisamos ver a diferença entre a escuridão e a luz e escolher a luz. Precisamos trazer nossas escolhas para a luz de Jesus para que Ele possa expor a verdade. Só aí conseguimos discernir verdadeiramente a diferença entre ser guiada por Jesus e enganada por Satanás. Se quisermos continuar avançando na cura, esse fato é algo que não podemos esquecer.

Fazer coisas em segredo pode ser uma indicação de que estamos sendo guiadas por Satanás. Essa é uma declaração forte, mas digna de ser realmente considerada.

Satanás mantém o perigo fora de nosso radar e nos cega para as duras realidades por vir em nosso caminho. Minha amiga estava cega. E quando ela finalmente acordou para a decepção, a devastação a horrorizou.

Se você guarda segredos hoje, sei que parece assustador trazer à luz o que está de fato acontecendo. Mas minha amiga diria a você, as trevas no fim se voltaram contra ela. E o que começou como diversão logo se tornou o pior pesadelo dela. A única maneira de sair foi deixar as pessoas de confiança saberem da situação.

- Encontre amigas cristãs de confiança e peça a elas para a ajudar a manter suas escolhas de acordo com a verdade.
- Seja honesta com as pessoas que a amam.
- Admita sua necessidade de ajuda e disponibilize o tempo necessário para conseguir a ajuda que precisa.
- Construa medidas de prestação de contas em sua vida.
- Peça a Jesus ajuda, perdão e entendimento claro de como puxar o freio e reverter as coisas. Deixe a verdade dele falar mais alto que os sentimentos que lhe pedem para manter as coisas escondidas. Como diz o final do versículo 18: "a fim de que recebam o perdão dos pecados e herança entre os que são santificados pela fé em mim".

O único arrependimento que você terá depois de conseguir a ajuda necessária é não ter feito isso antes. E, por favor, não se sinta sozinha nesse processo. Todas nós,

sem exceção, já precisamos passar pelos passos menciona-
dos acima.

O caminho da vida real — a vida que a sustenta e a leva
à verdadeira descoberta do amor real, da provisão real e da
satisfação real — só é encontrado se você seguir Jesus. Con-
tinuemos a caminhar juntas nessa jornada de cura.

> *Senhor amado, ajuda-me a trazer para*
> *a luz qualquer escolha que faça que não*
> *se alinhe com tua verdade. Oro para que*
> *a vergonha, a culpa e a condenação não*
> *ponham as garras em mim. Obrigada por*
> *Jesus... a única maneira em que posso*
> *receber perdão do meu pecado. Recebo a*
> *graça que derramaste graciosamente sobre*
> *mim. Em nome de Jesus, amém.*

44

Você é digna
de ser celebrada

*A beleza é enganosa, e a formosura é
passageira; mas a mulher que teme o
Senhor será elogiada.*

Provérbios 31:30

Você já se sentiu como se não estivesse à altura do padrão
esperado devido ao que já passou?

Também já me senti assim.

Lembro quando li pela primeira vez Provérbios 31, que
descreve uma mulher de caráter nobre, muitos anos atrás,
quando era uma jovem esposa e mãe. Achei a mulher de
Provérbios 31 opressivamente perfeita.

E enquanto atravessava dificuldades em minha vida ao
longo dos últimos anos, vi-me não só intimidada por Provérbios 31, mas derrotada por essa esposa cujo casamento parecia cheio de louvores. Até mesmo casamentos bons
nem sempre tem realidades radiantes.

Por isso meu coração se sensibiliza especialmente em
relação àquelas de vocês que antes teriam vontade de pular
Provérbios 31. Sei como é ter essas palavras batendo pesado

em seu coração retumbando as palavras "não alcançarei esse patamar".

Mas e se eu lhe disser que o coração por trás de Provérbios 31:10-31 é de celebração, e não de condenação.

E o primeiro ponto que quero que observemos é que esse não é um capítulo sobre uma esposa de caráter nobre. É um capítulo sobre uma mulher de valor. Uma mulher corajosa. Uma mulher de força e dignidade.

E o fato de você estar lendo este devocional, buscando a Deus e perseguindo a cura para as circunstâncias dolorosas pelas quais passa é evidência de que é uma mulher de valor, coragem, força e dignidade. Portanto, Provérbios 31 é para você e para mim.

E na cultura judaica esses versículos são lidos em voz alta no sábado como uma celebração sobre as mulheres. Essa não é uma forma de condenar o que elas não são, mas de celebrar como elas, em suas expressões únicas, vivem as virtudes detalhadas nesse capítulo. Essas não são palavras que pretendem dizer a uma mulher que ela deveria ser mais do que é. São uma celebração de quem ela é.

> *Essas não são palavras que pretendem dizer a uma mulher que ela deveria ser mais do que é. São uma celebração de quem ela é.*

Não é assim que deveria ser?

As mulheres corajosas celebrando umas às outras — e aqueles que as amam celebrando-as. Tudo sob a bandeira de honrar a Deus, servindo por amor e sorrindo para o futuro.

Também amo a maneira como Provérbios 31:30 nos lembra do que é verdadeiramente digno de ser celebrado:

"A beleza é enganosa, e a formosura é passageira; mas a mulher que teme o Senhor será elogiada".

Observe que não se trata de uma mulher com uma casa impecável que tem de ser elogiada. Não é a mãe com filhos perfeitamente comportados que nunca pula as páginas quando lê para eles. Honestamente, esse padrão não é nem mesmo justo com uma mulher casada e com filhos.

A mulher que teme ao Senhor é que tem de ser elogiada. Esse não é o tipo de temor "tenho medo de Deus". Esse tipo de temor refere-se a ter um coração completamente reverente a Deus. Descreve uma mulher que honra a Deus ao buscá-lo em tudo que faz e confia nele de todo coração com sua vida. Ela tem um coração reverente que transborda em uma vida de maturidade espiritual e sabedoria.

E não esqueçamos de olhar para os versículos de hoje dentro do contexto de por que Deus nos concedeu esse livro da Bíblia. O primeiro capítulo de Provérbios nos informa que o livro existe para que possamos adquirir sabedoria, instrução, entendimento, percepção, conhecimento, critério e orientação (v. 1-7). Provérbios 2:1-5 prossegue para nos lembrar de que quando recebemos e aplicamos os mandamentos de Deus, somos capazes de entender como encontrar o conhecimento de Deus.

A sabedoria é uma dádiva de Deus e um processo de aprendizado.

Sei que essa passagem da Escritura pode facilmente nos enganar. Mas e se tomarmos Deus por sua Palavra e escolhermos acreditar que essas palavras detêm coisas boas e prazerosas para nós? E se nos desafiarmos a examinar de perto Provérbios 31, buscando que parte do capítulo é uma dádiva para nós e com quais versículos precisamos aprender? E se falarmos essas palavras para nós mesmas e para outras mulheres da nossa vida como uma forma de celebração, em vez de condenação, percebendo que nossa história não os desqualifica.

Deus pôs essas palavras em sua Palavra por toda a eternidade, minha amiga. E isso me diz que elas são necessárias e visam ao nosso bem. Peçamos ajuda a Ele para aprendermos com essas palavras hoje.

Deus Pai, confesso que às vezes olho a mulher de Provérbios 31 e sinto como se nunca alcançarei esse patamar. Mas percebo que o propósito não é me envergonhar por tudo que sinto que não sou. O exemplo dela está ali para me lembrar de olhar para ti e viver por ti em tudo que faço. Ajuda-me a receber essas palavras tuas como uma dádiva. E mostra-me como vivê-las de acordo com a maneira única que designaste intencionalmente para mim. Em nome de Jesus, amém.

45

Os versículos de que preciso hoje

Aproximem-se de Deus,
e ele se aproximará de vocês!

Tiago 4:8

Às vezes sabemos com nossa mente que algo é verdade, mas quando nosso coração está ferido e a vida fica de fato difícil, precisamos de lembretes da presença, proteção e promessa de Deus para nos ajudar. Durante o período em que Art e eu ficamos separados, experimentei a solidão como nunca havia conhecido. Era terrível acordar no meio da noite quando ouvia algo. Era doloroso voltar para casa depois do trabalho e jantar sozinha. E foi tão difícil enfrentar cada dia sem saber se me sentiria normal de novo ou quando isso aconteceria. Tinha de ter algo além das emoções sempre oscilando para me ajudar a me orientar. Tinha de ter uma forma de me aproximar de Deus e combater o medo e as mentiras que continuavam a me atacar. A maneira mais eficaz que conheci para me aproximar de Deus e ser lembrada de que Ele estava comigo era entrar em sua Palavra e deixar sua verdade se tornar minhas declarações diárias.

Declarar a verdade de Deus e elevar nosso coração em oração são formas de nos aproximar de Deus. Tiago 4:8 diz: "Aproximem-se de Deus, e ele se aproximará de vocês". Assim, para aquelas de vocês que, como eu, precisam de um pouquinho mais de ajuda, selecionei alguns textos das Escrituras para declararmos sobre partes da nossa vida que podem estar vulneráveis a ataques do inimigo.

AFEIÇÃO — MEU CORAÇÃO, O QUE AMO

*"Vocês me procurarão e me acharão
quando me procurarem de todo o
coração" (Jeremias 29:13)*

Agora declare comigo: "O Senhor me promete que, quando eu o procurar de todo meu coração, o encontrarei. Ele não está se escondendo de mim nem me ignorando. Ele está esperando ser visto por mim. E, por isso, deposito o desejo do meu coração totalmente nele hoje — declarando-o àquele que está acima de tudo o mais. Nada nem ninguém além dele pode satisfazer plenamente minha alma. Meus olhos estão abertos, meus ouvidos estão atentos e meu coração está em humilde expectativa enquanto busco conhecer e experimentar de fato meu bom e amoroso Deus".

ADORAÇÃO — MINHA BOCA, O QUE ADORO

*"Atribuam ao SENHOR a glória que o seu nome
merece; adorem o SENHOR no esplendor do seu
santuário" (Salmos 29:2).*

Declare: "Quando as circunstâncias difíceis gritam alto em meus ouvidos, sei exatamente o que preciso fazer. Preciso falar alto de volta. Levantar meu louvor. Declarar com coragem e em voz alta a verdade de quem meu Deus é para o inimigo e para minha própria alma abalada ouvirem. Porque Ele é um Deus que merece toda glória, e honra, e louvor. Ele é santo e totalmente bom. Um Deus que cumpre sua promessa por inteiro. E não importa quais sejam minhas circunstâncias posso dizer: Ele é para sempre digno da minha adoração e louvor".

Atenção — minha mente, no que foco

*"Portanto, já que vocês ressuscitaram
com Cristo, procurem as coisas que são do
alto, onde Cristo está assentado à direita
de Deus" (Colossenses 3:1).*

Declare: "Minha alma sente-se, às vezes, presa em minhas circunstâncias, mas sei que este mundo não é minha casa. Essa devastação e dor não são meu destino. E **esse sofrimento e mágoa não são o fim da minha história.** Hoje, com intenção, escolho olhar para cima. Colocar meu coração e minha mente nas coisas do alto. Tenho a promessa de eternidade no céu — um lugar em que não haverá mais lágrimas nem sofrimento. Tenho a doce garantia da presença poderosa de Deus e sua provisão perfeita aqui e agora. Fixo meus olhos na esperança que Ele diz ser minha. A esperança que tenho nele".

Atração — meus olhos, o que desejo

*"Bendirei o Senhor, que me aconselha;
na escura noite o meu coração me ensina!*

*Sempre tenho o S*ᴇɴʜᴏʀ *diante de mim.*
Com ele à minha direita, não serei
abalado" (Salmos 16:7-8).

Declare: "É tão fácil meus olhos serem atraídos por coisas deste mundo para tranquilizar as dores das minhas decepções. Mas nada que afaste meu foco da bondade de Deus é bom para mim. Por isso, manterei os olhos no Senhor e a confiança nele para pegar minha mão, firmar meu coração e guiar-me para seus melhores planos".

Aᴍʙɪçãᴏ — ᴍᴇᴜ ᴄʜᴀᴍᴀᴅᴏ, ᴀǫᴜɪʟᴏ ǫᴜᴇ ɢᴀsᴛᴏ ᴍᴇᴜ ᴛᴇᴍᴘᴏ ʙᴜsᴄᴀɴᴅᴏ

"Irmãos, não penso que eu mesmo já o
tenha alcançado, mas uma coisa faço:
esquecendo-me das coisas que ficaram
para trás e avançando para as que
estão adiante, prossigo para o alvo, a
fim de ganhar o prêmio do chamado
celestial de Deus em Cristo Jesus"
(Filipenses 3:13-14).

Declare: "Há tantos momentos em que esqueço o que está à frente e permaneço no que já passou. Mas quando fixo meu olhar no meu passado, ponho uma pedra de tropeço no caminho do meu futuro. Declaro a respeito da minha situação que olharei adiante em direção ao objetivo e ao prêmio do céu já prometido por Deus para aqueles que são dele. E sou dele. Esse é meu futuro; essa é minha grande ambição e alegria. O que ficou para trás precisa permanecer lá atrás; o que está à frente precisa permanecer na linha de frente do meu pensamento. Vou em frente, prossigo e dependo daquele que me chama para o céu".

Ação — minhas escolhas, como permaneço firme

"Por isso, vistam toda a armadura de Deus, para que possam resistir no dia mau e permanecer inabaláveis, depois de terem feito tudo" (Efésios 6:13).

Declare: "Às vezes os períodos da vida me fazem sentir fraca e muito exausta. Mas lembro minha alma hoje que não tenho de combater o inimigo com minhas próprias forças. A força verdadeira e duradoura vem do Senhor. Aquele que batalha comigo e por mim. Aquele que me equipa para permanecer forte contra o inimigo. Por isso, hoje ofereço minhas orações e louvores para Ele enquanto me revisto com sua armadura poderosa. Isso mesmo, estou enfrentando uma batalha de proporções épicas. Mas luto a partir da vitória, não pela vitória. Em Cristo, já venci. E Satanás é um inimigo derrotado".

Deus amado, sei que as mentiras fogem na presença da verdade. Quero encher minha mente e meu coração hoje com a verdade sobre quem és. Que a tua Palavra seja simultaneamente a espada que uso para travar minhas batalhas e a tranquilizadora carta de amor que acalma minha alma. Sei que o inimigo é um inimigo derrotado e louvo a ti por esse lugar vitorioso no qual posso viver desde hoje. Em nome de Jesus, amém.

46

O MELHOR QUE PODE FAZER POR SEU MARIDO HOJE

Jesus fez também a seguinte comparação:
"Pode um cego guiar outro cego? Não
cairão os dois no buraco?".

Lucas 6:39

Recentemente, sentei-me para escrever alguns pensamentos para uma amiga jovem que estava se casando.

Queria que as palavras fossem encorajadoras, mas também fossem realistas. Não queria escrever algo típico "meus votos de felicidades no dia do seu casamento". Esses votos são agradáveis para uma igreja cheia de flores e tule branco, mas é preciso muito mais para um casamento deslanchar.

Então, escrevi pensamentos honestos que me ocorriam:

> Ser casada é maravilhoso. Ser casada é desafiador. Ser casada pode parecer impossivelmente difícil. Ser casada pode parecer algo belíssimo. Não há outra pessoa que pode me frustrar da maneira que meu marido pode. Não há outra pessoa que pode me fazer sentir amada como meu marido pode.

À medida que essas palavras saíram, perguntei-me se minha amiga acharia que eu estava um pouquinho maluca. Em um segundo pintei o casamento tão delicioso como uma pipa pegando vento e subindo ao céu. E no segundo seguinte era como se a linha tivesse ficado presa em um arbusto espinhoso e feito a pipa cair no chão com baque surdo de decepção.

Então, qual é que vale? A delícia ou a decepção? É uma frágil mistura dos dois.

No fim, amassei minha nota original e apenas escrevi isto: "Determine-se a orar por seu casamento com mais palavras do que costuma usar pra falar sobre seu casamento".

"Determine-se a orar por seu casamento com mais palavras do que costuma usar pra falar sobre seu casamento".

Muitas vezes, quando atravesso um período difícil, minhas amigas dizem:

— Lysa, você tem orado por esse assunto?

— Claro que sim, tenho orado por isso — respondo com total certeza.

Mas a realidade é que penso no assunto. Preocupo-me com ele. Tento controlá-lo. Manipulá-lo. Traçar estratégias em torno dele. Mas eu de fato não me prostrei diante do Senhor e disse: "Deus, não gosto dessa situação. Realmente não gosto disso. Isso parte meu coração. Por favor, ajuda-me".

Por tudo que Art e eu passamos, não consigo pensar em uma melhor porção de sabedoria que poderia dar a você que não seja orar por seu casamento.

Art e eu nos comprometemos a fazer isso. E isso nos deu a liberdade de apenas estar um com o outro sem a pressão de precisar consertar um ao outro. Não que eu não traga à baila preocupações, mas não pego os problemas do Art como se coubesse a mim consertá-los. E Art também não faz isso comigo. Eliminamos nossas frustrações em oração com Deus ou trabalhamos nelas com nossos conselheiros. Nem tudo está arrumado. Na verdade, às vezes é bem bagunçado — mas é bom.

Em Lucas 6:39, Jesus faz uma pergunta importante, mas simples: "Pode um cego guiar outro cego? Não cairão os dois no buraco?". Meu marido e eu precisamos que Jesus nos lidere, guiando-nos, ensinando-nos, redirecionando-nos e mostrando-nos como ter um casamento que honre a Ele e nós mesmos.

Colocar mais palavras sobre meu casamento nas orações, com certeza, é essencial para alcançar esse estágio.

Hoje quero que oremos juntas especificamente alguns textos das Escrituras sobre nosso casamento. E, amiga, se você está solteira no momento, mas acredita que vai se casar um dia, use esses textos para orar por seu futuro marido. Ou até mesmo para orar para o fortalecimento dos casamentos representados em sua comunidade de amigas. Deus tem algo para todas nós hoje, não importa o período que estejamos atravessando.

"Que diremos, pois, diante dessas coisas?
Se Deus é por nós, quem será contra
nós?" (Romanos 8:31).

Assim conhecemos o amor que Deus tem
por nós e confiamos nesse amor. Deus
é amor. Todo aquele que permanece no
amor permanece em Deus, e Deus nele.

*Dessa forma o amor está aperfeiçoado
entre nós, para que no dia do juízo
tenhamos confiança, porque neste
mundo somos como ele. No amor
não há medo; ao contrário o perfeito
amor expulsa o medo, porque o medo
supõe castigo. Aquele que tem medo
não está aperfeiçoado no amor. Nós
amamos porque ele nos amou primeiro.
(1João 4:16-19)*

*"O próprio SENHOR irá à sua frente e
estará com você; ele nunca o deixará,
nunca o abandonará. Não tenha medo!
Não desanime!" (Deuteronômio 31:8).*

*"Com sabedoria se constrói a casa,
e com discernimento se consolida.
Pelo conhecimento os seus cômodos se
enchem do que é precioso e agradável"
(Provérbios 24:3-4).*

*"Se por estarmos em Cristo nós temos
alguma motivação, alguma exortação
de amor, alguma comunhão no Espírito,
alguma profunda afeição e compaixão,
completem a minha alegria, tendo o
mesmo modo de pensar, o mesmo amor,
um só espírito e uma só atitude. Nada
façam por ambição egoísta ou por
vaidade, mas humildemente considerem
os outros superiores a si mesmos.*

*Cada um cuide, não somente dos seus
interesses, mas também dos interesses dos
outros" (Filipenses 2:1-4).*

Estou convencida de que quanto mais travamos nossas lutas de joelhos, menos temos de argumentar e lutar pessoalmente pela situação enfrentada. E mais livres estamos para apenas focar o amor a vida juntos e a beleza disso.

*Senhor amado, quero honrar a ti completamente
com meu casamento. Ajuda-me a permanecer
dedicada na oração por meu relacionamento com
meu marido. Ajuda-me a ver o que necessitas que
eu veja, a aprender o que preciso aprender, a dar
o que preciso dar e a receber o que preciso receber.
Ajuda-me a aprender o ritmo de orar com mais
palavras por meu casamento em vez de falar sobre
meu casamento. Em nome de Jesus, amém.*

Carta de Lysa

*A*miga,

Não tenho certeza de quem mais precisa dessa garantia hoje, mas eu com certeza preciso dela.

Não temos de ter receio quanto ao que o futuro nos reserva. Deus já está presente no futuro de cada uma de nós.

Permanecendo ali com sua proteção. Esperando por nós com sua sabedoria. Indo adiante de nós com sua esperança e provisão.

Deus não é abalado pelo que vê no seu amanhã nem poderia ser. Ele prepara você hoje com tudo que você precisará para lidar... nos altos e baixos que a aguardam. Aprenda bem as lições divinas hoje e estará totalmente preparada para o amanhã.

Há coisas boas à frente. Realmente boas... porque um Deus realmente bom está ali com os braços abertos e cheios de amor.

Por favor, não se esqueça disso hoje.

Lysa

47

MAS COMO CONSIGO ATRAVESSAR OS PRÓXIMOS 86.400 SEGUNDOS?

O Deus de toda a graça, que os chamou para a sua glória eterna em Cristo Jesus, depois de terem sofrido durante um pouco de tempo, os restaurará, os confirmará, lhes dará forças e os porá sobre firmes alicerces.

1Pedro 5:10

Quero que a cura seja tão organizada e previsível quanto uma lista de verificação. Não quero ser incomodada por ela e certamente não quero ser pega de surpresa pelas emoções que podem acompanhá-la.

É claro que se você já teve de se curar de um coração partido de maneiras excruciantes sabe que não é possível programar a cura. Não é possível apressá-la. E não é possível controlar como e quando o coração partido desejará ser cuidado.

Parte do que torna a cura tão difícil é a dor profunda deixada para trás após o trauma. A perda nos envolve com um pesar doloroso que vem em ondas imprevisíveis. É difícil saber se você está melhorando quando uma série de dias bons repentinamente dá lugar a um baque emocional inesperado.

Você sente mais raiva do que nunca em relação à injustiça de toda a situação. As feridas parecem estar abertas, confusas e não curadas. E você só deseja que alguém lhe diga como você poderia atravessar todos os 86.400 segundos desse dia em meio a tanto sofrimento.

Confie em mim quando digo entender tudo a respeito desses sentimentos. Quando meu casamento estava em ruínas, lembro de me perguntar se meu coração se sentiria inteiro de novo.

Acreditava que Deus faria algo novo e maravilhoso do pó da minha circunstância, mesmo que isso incluísse não restaurar meu casamento. Simplesmente não sabia como agir enquanto sofria tanto na vida diária.

Como quando deitei a cabeça, completamente exausta, na banca de banana de uma quitanda. Estava apenas de pé ali com um carrinho vazio, um coração repleto de dor e o rosto pressionado na banca. O funcionário jovem me viu e não conseguiu imaginar o que eu estava fazendo. Imagino que ele presumiu que minha preocupação era a respeito da escolha de frutas diante de mim. Por isso, valha-me Deus, ele perguntou:

— Posso ajudar você?

Voltei meu rosto em direção a ele. As lágrimas escorriam. E tudo que consegui pensar para dizer foi:

— Preciso de um lenço.

Excelente. Nada completa bem um dia como um colapso na frente do atendente da seção de frutas da quitanda.

Mas descobri que esses dias não precisam ser reveses. Podem ser evidência de que estamos passando pelas partes mais difíceis do processo de cura. As novas lágrimas em relação a feridas antigas são a prova de que estamos cuidando das nossas emoções. Estamos processando a mágoa. Estamos lutando bem com a dor em nossa alma.

Sentir a dor é o primeiro passo em direção à cura da dor. E quanto a todas essas emoções que continuam a aumentar de intensidade e inesperadamente vêm à tona? Essas emoções são evidência de que você não está morta por dentro. Há vida sob a superfície. E os sentimentos, enquanto não ditarem como vivemos, são grandes indicadores do que ainda precisa ser trabalhado.

> *Sentir a dor é o primeiro passo em direção à cura da dor.*

Quando amamos profundamente, doemos profundamente. Por isso temos de aprender como confiar no processo de cura. Temos de deixá-lo fluir e refluir ao redor, dentro e através de nós. Temos de garantir o acesso a nosso coração.

E quando começamos a ver a cura se desenrolando em camadas de força inesperada e sabedoria ricamente revelada, a situação não parece tão injusta. Começa a parecer o segredo mais doce que Deus jamais sussurrou no fundo de nossa alma.

Então, um dia, percebemos de repente que o futuro parece impressionantemente atraente. Não porque as circunstâncias mudaram, mas porque abraçamos a realidade, deixamos de querer controlar e encontrar essa versão curada de nós mesmas, algo pelo que ansiamos por tanto tempo.

Não sei por que tipo de dor ou mágoa você talvez esteja passando neste momento. Mas quero dirigi-la para a esperança encontrada no nosso versículo de hoje: "O Deus de toda a graça, que os chamou para a sua glória eterna em Cristo Jesus, depois de terem sofrido durante um pouco de tempo, os restaurará, os confirmará, lhes dará forças e os porá sobre firmes alicerces" (1Pedro 5:10).

Nosso Deus é um Deus de restauração. E toda dor em seu interior é prova de que há uma bela reconstrução em processo. Não desista.

Deus a ama. Você não está sozinha. A cura é possível.

> *Deus Pai, quando tudo que quero é largar minha jornada de cura, lembra-me de que posso confiar em ti nesse processo. Obrigada por cumprires tuas promessas. Sei que usarás esse sofrimento para o bem. Em nome de Jesus, amém.*

48

AINDA FICO
ASSUSTADA ÀS VEZES

Aquele que habita no abrigo do
Altíssimo e descansa à sombra do
Todo-poderoso pode dizer ao Senhor:
"Tu és o meu refúgio e a minha fortaleza,
o meu Deus, em quem confio".

Salmos 91:1-2

Inclinei-me sobre o Art e confessei:

— Ainda tenho medo às vezes.

— É claro que tem — respondeu ele pacientemente. — Quer conversar sobre isso ou prefere simplesmente ficarmos sentados aqui juntos?

Como você e eu conversamos a respeito em nossa leitura ontem, temos de confiar no processo de nossa cura. No meu processo, o medo tem sido um capítulo desafiador a resolver em minha cura. Quando sou ferida, fico com medo.

Não me passou despercebido o fato de que algumas das primeiras palavras na Bíblia dirigidas a Deus pelo homem depois de comer o fruto proibido foram: "Fiquei com medo, porque estava nu; por isso me escondi" (Gênesis 3:10).

Relaciono-me com essas palavras no mais profundo do meu ser. Tenho medo de estar emocionalmente nua... exposta... insegura... sem certeza se serei ferida de novo. Aquelas perguntas do tipo "e se" alfinetam nos lugares mais sensíveis do meu coração e me pergunto se serei devorada se alguma delas se tornar devastadoramente verdade.

Esse medo do futuro é o que me faz sussurrar para o Art: "Ainda tenho medo às vezes". A vida não vem com nenhuma garantia de que não seremos feridas de novo. Jesus mesmo nos lembra: "Eu lhes disse essas coisas para que em mim vocês tenham paz. Neste mundo vocês terão aflições; contudo, tenham ânimo! Eu venci o mundo" (João 16:33). Quando você vivencia uma mágoa profunda, entende muito bem o problema mencionado por Jesus. E precisa muito saber que Jesus venceu o mundo. Mas como vemos isso de maneiras práticas agora, neste momento, nesta situação?

Amo o fato de esse versículo de hoje, Salmos 91:1-2, nos fornecer um roteiro para o que temos de dizer a nós mesmas nos momentos em que sentimos medo e somos provocadas a agir: "Pode dizer ao SENHOR: 'Tu és o meu refúgio e a minha fortaleza, o meu Deus, em quem confio'".

É interessante o salmista descrever Deus aqui como um refúgio e uma fortaleza, você não acha?

Um refúgio é um lugar no qual você se apressa a entrar para encontrar abrigo. Uma fortaleza é um lugar construído intencionalmente com o propósito de fornecer segurança excepcional. A palavra hebraica

> *Deus não é apenas um refúgio contra as tempestades da vida; mas também é o lugar onde o medo não tem mais acesso a mim.*

para "fortaleza" é *metsudah*, sendo "lugar inacessível" uma de suas definições.

Deus não é apenas um refúgio contra as tempestades da vida; mas também é o lugar onde o medo não tem mais acesso a mim. O medo não pode pegar o que não alcança mais.

Para experimentarmos essa paz, temos de nos aproximar de Deus. É a proximidade descrita ao longo do salmo 91 conforme somos lembradas de "descansa[r] à sombra do Todo-poderoso" (v. 1), buscar refúgio sob suas asas (v. 4) e fazer do Altíssimo nosso abrigo (v. 9).

Assim como temos de nos aproximar bastante de uma árvore para desfrutar os benefícios da sua sombra no calor abrasador do sol, também temos de nos posicionar perto de Deus se quisermos o conforto, a proteção e a libertação dele.

Isso não quer dizer que não nos acontecerão coisas ruins. A vida raramente é toda arrumadinha. Os relacionamentos não são fáceis. E o estresse constante, a pressão e a tensão para administrar e enfrentar as muitas questões diárias são difíceis para o coração humano. Em um minuto, pareço estar me saindo muito bem em manter meu coração limpo da amargura, mas, no minuto seguinte, sinto-me um completo fracasso. Gatilhos antigos nos imploram a ter medo do que pode estar na próxima esquina.

> *Sei agora que posso sentir medo, mas não tenho de viver com medo do futuro.*

Mas sei, por ser uma filha de Deus, que não devo viver com o medo me provocando e me aterrorizando.

E quando penso nesses sentimentos chego à conclusão de que o objetivo de ter a paz mencionada por Jesus em João 16:33 não é a perfeição; é o progresso.

Estou aprendendo a progredir com meu medo. Sei agora que posso sentir medo, mas não tenho de viver com medo do futuro. Posso viver este dia sem deixar o medo do amanhã roubar minha paz de hoje. Só posso cuidar do que está na minha frente. Tenho de confiar em Deus para reservar o futuro.

O sinal de progresso é deixar o medo levá-la a lembrar de Deus e correr para Ele, em vez de esquecê-lo e deixar o medo correr solto em seu coração e sua mente.

Quando o medo chega, use-o como uma oportunidade para formar novos hábitos e perspectivas de cura que descobrimos juntas nessa jornada.

- Tenha um pensamento melhor.
- Tenha uma reação melhor.
- Tenha uma forma melhor de processar.
- Tenha uma conversa melhor.
- Tenha um limite melhor para comunicar com amor de modo constante.
- Tenha uma escolha melhor para não ter de usar uma substância para se entorpecer.
- Tenha um coração mais direcionado para o perdão, e não para o ressentimento.
- Tenha uma situação melhor em que você faça o medo se curvar à sua confiança em Deus.
- Tenha um dia de medo, raiva ou frustração a menos.
- Tenha uma hora de recusa da graça a menos.

Olho para trás, vejo Art e pego sua mão. Percebo que não fizemos essa jornada de maneira perfeita. Mas conforme caminhamos para frente, percebo que o progresso imperfeito é bom. Muito bom.

Senhor, obrigada por enviares Jesus, que entende profundamente quão difícil pode ser processar o medo interior nesse nosso coração humano frágil e dolorido. Obrigada pela esperança que temos em Jesus por Ele ter vencido o mundo. Agora, ajuda-me a vencer o que enfrento hoje. Obrigada pela graça de eu não precisar fazer isso perfeitamente. Tenho apenas de progredir. Eu te amo, Senhor. Em nome de Jesus, amém.

49

DELICADA, NÃO FRÁGIL

Contudo, SENHOR, tu és o nosso Pai.
Nós somos o barro; tu és o oleiro. Todos
nós somos obra das tuas mãos.

Isaías 64:8

Quando eu atravessava um dos períodos mais difíceis da minha vida, Deus me mostrou uma imagem poderosa. Eu não era de fato o tipo de moça que "vê algum tipo de visão". Por isso, de início pensei que era apenas minha imaginação vagando por um minuto. Mas, a seguir, senti uma impressão no meu coração que aquilo não era algo casual; de fato, era algo de Deus.

Inicialmente, o que vi na minha mente era uma bela flor feita de papel fino como vidro. Olhei-a de todos os lados e admirei a forma como foi formada. A seguir, vi uma mão se estendendo e se fechando em torno da flor de vidro. Mas quando a mão se fechou em torno da flor, o vidro estourou e se estilhaçou. O vidro era delicadamente belo, mas frágil demais para ser trabalhado.

A seguir, vi a mesma flor formada de metal brilhante. E a mão se estendeu e se fechou em torno da flor e a segurou por alguns segundos. Depois, a mão se fechou em torno dela mais uma vez, só que dessa vez nada aconteceu com a flor. Ela não mudou de maneira alguma. E eu podia dizer que quanto mais forte a mão pressionava, mais dor a flor de aço causava à mão. O aço era forte, mas não moldável. A flor de metal também era dura demais para permitir o trabalho desejado pela mão.

Mas da última vez que vi a mesma flor, ela era feita de argila branca. Cada detalhe era igual exceto o fato de que agora, quando a mão se estendia e se fechava em torno dela, a flor se movia com a mão. A argila era amassada e se movia entre os dedos da mão. A mão se dobrou e começou a trabalhar com a argila até de repente surgir uma flor ainda mais bonita.

> *Senti o Senhor dizer ao meu coração: "Lysa, quero que você seja delicada, mas não quero que seja frágil.*

Perguntei a Deus sobre a flor de vidro e sobre a flor de metal. Elas eram bonitas, mas não tão bonitas quanto a flor de argila branca depois de ser moldada.

Senti o Senhor dizer ao meu coração: "Lysa, quero que você seja delicada, mas não quero que seja frágil. Se você for como esse pedaço de vidro, bonito, mas frágil, quando eu a pressionar e tentar tornar você algo novo, você se estilhaçará. Também quero que seja forte, mas não quero que tão rígida a ponto de não poder de ser moldada. Veja, Lysa, a flor de metal sempre será apenas uma flor de metal. E não importa o quanto a minha mão a pressione, ela não pode criar a partir de algo tão duro. Você já é bela, mas caso se entregue *à* minha moldagem, posso fazer uma nova e bela obra em você."

As imagens que vi começavam a fazer sentido. Ele queria que eu fosse como a argila. A flor de argila branca era delicadamente bela, mas não tão frágil. A flor de argila branca era forte o bastante para manter sua forma, mas suave o suficiente para permitir que a mão a remodelasse quando necessário. E no fim, a flor de argila acabaria por ser a mais belamente modelada de todas elas.

Chorei. Por fim, sentia que conseguia entender um pouquinho a perspectiva de Deus.

Isso deu um sentido todo novo a um dos meus versículos favoritos encontrado em Isaías 64:8: "Contudo, Senhor, tu és o nosso Pai. Nós somos o barro; tu és o oleiro. Todos nós somos obra das tuas mãos".

Ah, amiga, Deus jamais nos abandonará, mas andará grandes distâncias para nos refazer.

Deus ama as partes de nós delicadamente belas, mas não quer que sejamos frágeis como aquele vidro. Ele nos criou para sermos fortes, mas não quer que fiquemos endurecidas como o metal e incapazes de ser moldadas.

Ver a beleza de novo exige que permaneçamos moldáveis por Deus. Não queremos ser frágeis demais nem rígidas demais. Se formos muito frágeis, o medo de ser quebrada, esmagada e ferida de novo nos faz querer combater o processo. Se formos rígidas demais, as pontas agudas e fortes podem parecer nos proteger, mas, na realidade, apenas impedem a obra transformadora de Deus em nós. Apenas a confiança nas mãos gentis, mas poderosas do Oleiro, e a

> *Deus jamais nos abandonará, mas andará grandes distâncias para nos refazer.*

permissão para que Ele nos remodele e nos refaça é capaz de fazer essas feridas serem moldadas em algo belo.

Ele quer que eu seja como a argila, capaz de permanecer firme, mas ainda passível de ser moldada e reformada no propósito que tiver para mim. Ele quer isso para você também, minha amiga. Não temos de ter medo de como Ele modela nossa vida. Ele é o Deus que torna tudo belo no seu tempo.

> *Deus, ajuda-me a afastar os olhos das minhas circunstâncias e a confiar em ti como o Oleiro fazendo algo belo disso tudo. Quero ser moldável para que possa me tornar mais como tu. Lembra-me com frequência da ilustração dessas flores diferentes. Em nome de Jesus, amém.*

50

A VIDA É BELA

Que eles sejam levados à plena
unidade, para que o mundo saiba
que tu me enviaste, e os amaste como
igualmente me amaste.

João 17:23

Minha amiga, estou tão feliz por termos passado esse tempo juntas.

Fomos honestas. Passamos por um processo. Oramos. Ousamos esperar mais uma vez. Amamos mais uma vez. Fomos compassivas mais uma vez. Complacentes mais uma vez. Então, percebemos juntas que o perdão é um presente de Deus a ser aberto todos os dias. E, por fim, chegamos ao lugar em que percebemos que ver a beleza de novo tem muito menos a ver com as circunstâncias bem a nossa frente e muito mais a ver com usar a verdade de Deus para estruturar e moldar nossa perspectiva.

Assim, agora que chegamos ao último dia de nossa jornada juntas, quero que vejamos as últimas palavras de Jesus compartilhadas conosco.

Embora para mim seja um tesouro ler a respeito dos últimos momentos da vida de Jesus com seus amigos, ao mesmo tempo meu coração dói. Ele sabia tudo que estava para acontecer com Ele. Nessas últimas horas que passavam juntos, Ele sabia:

Um deles o trairia.

Os outros não permaneceriam com Ele.

Ele logo sofreria uma brutalidade extrema sozinho.

E Ele, mesmo assim, de algum modo estava focado o bastante para permanecer muito presente nesse momento, em vez de viver no temor dos momentos terrificantes que estavam por vir.

Fico atônita com o quão presente e generoso Jesus foi durante a última ceia. Jesus e os discípulos estavam juntos. Beberam juntos. Conversaram. Ele lavou os pés deles. Ele observou Judas sair pela porta.

Em seguida, Ele orou. Por si mesmo. Pelos discípulos.

E, depois, por você e por mim.

O fato de Jesus pensar em nós e orar por nós nessas horas finais também me deixa atônita.

Preciso ler o que Ele orou. Mas ainda mais importante, preciso viver o que Ele orou.

"Que eles sejam levados à plena unidade,
para que o mundo saiba que tu me
enviaste, e os amaste como igualmente me
amaste" (João 17:23).

Unidade. Amor.

Das muitas coisas pelas quais Ele podia orar por nós, orou por unidade e amor.

Isso parece um pouquinho complicado em nosso mundo que se mostra tão dividido em relação às questões em que muitas pessoas dão sua opinião em voz alta, expressam objeções fortes e se acham justificadas em ficar ofendidas por quase nada.

Entendo isso.

Há muitos erros neste mundo que deveriam ser resolvidos. Há muitas injustiças que deveriam ser consertadas. E há muito mal que deveria ser impedido.

Mas quando me sento em silêncio e observo, pergunto-me se há uma forma mais unida de fazermos isso. Temos um inimigo, mas esse inimigo não é o nosso próximo. À luz da última oração de Jesus para nós antes da cruz, pergunto-me se tudo que precisamos lembrar é que, embora possamos estar divididas nas opiniões, podemos ficar um pouco mais unidas em nossa compaixão uma pela outra.

Afinal, muito do que molda as opiniões e objeções que expressamos vêm de algum sofrimento profundo pelo qual passamos ou atravessamos com alguém que amamos. A dor nos modela para melhor ou para pior, Jesus conhecia essa verdade. E sabia que os seres humanos têm essa propensão para transformar a dor em raiva. Talvez seja por isso que Ele orou por unidade. Talvez não seja o tipo de unidade em que todas estamos de acordo, mas antes em meio às discórdias, teríamos o cuidado de lembrar que todas nós somos conhecemos de perto o sofrimento e o pesar. Mesmo que não possamos nos ver olho no olho, com certeza podemos lembrar que somos muito parecidas no que nos faz chorar.

Mesmo que estejamos completamente divididas em tudo o mais, podemos lembrar que estamos muito unidas em nossas lágrimas e em nosso amor por Jesus. E nesses aspectos em comum compartilhados mostramos ao mundo que, com Jesus, a unidade e a paz são possíveis.

E onde há unidade entre nós, o mundo parece muito mais bonito à nossa volta.

Isso é ver a beleza de novo. É reconhecer o que é. É aceitar o que não é. É se oferecer para usar o que aprendeu com sua dor para apaziguar o sofrimento de outra pessoa. É acreditar que Jesus não fez essa oração de unidade em vão. É a determinação de se parecer um pouco mais com nosso Criador ao tomar o que está na nossa frente e criar algo belo a partir disso — independentemente de ser um pincel, um punhado de argila esmigalhada ou uma mudança de perspectiva. É declarar, mesmo na noite mais escura, que aquela luz importa. É lembrar que até mesmo uma centelha de compaixão, perdão, bondade, graça e esperança lança a luz mais brilhante para onde podemos ser atraídas juntas.

> *E onde há unidade entre nós, o mundo parece muito mais bonito à nossa volta.*

Assim, o mundo saberá
por nossa unidade
e por nosso amor
que Jesus foi enviado por Deus para redimir o
mundo.

E por causa dele, é possível não só ver a beleza, mas também vivê-la.

Deus Pai, anseias que eu receba o amor de Jesus e viva esse amor, para caminhar em unidade e em amor. Ajuda-me a derrubar as barreiras de julgamento e ódio. Ajuda-me a reter tua verdade e caminhar em tua graça enquanto amo os outros com sinceridade. Ajuda-me a usar minha cura como uma forma de me ligar aos outros, ser humano com ser humano, não importa em que ponto da minha jornada eu esteja. Que meu coração seja suavizado e minha vida, mudada por teu chamado à unidade e ao amor. Ajuda-me a não ver apenas a beleza, mas a viver essa beleza. Em nome de Jesus, amém.

Uma oração de Lysa

Se você confessar com a sua boca que
Jesus é Senhor e crer em seu coração
que Deus o ressuscitou dentre os
mortos, será salvo.

Romanos 10:9

Quando estava no início de meus vinte anos, sentia-me muito distante de Deus. Uma série de situações difíceis, de partir o coração, em minha vida me fizeram questionar a bondade e o amor dele por mim. Mas, por meio de sua graça divina, no fim, a verdade tomou conta da minha fria resistência e trouxe-me ao lugar em que queria para aceitar o amor divino e dedicar minha vida ao Senhor.

O desafio era que não sabia como fazer isso e tinha muito medo de perguntar a minhas amigas. Quando me lembro da luta nesses anos passados, pergunto-me se você estaria enfrentando essa mesma luta. Talvez você tenha tido alguns altos e baixos em seu relacionamento com Deus, mas finalmente está em um lugar em que quer entregar seu coração a Ele, aceitar a graça dele e receber a salvação.

Se for esse seu caso, gostaria de convidá-la a fazer esta oração de salvação comigo hoje:

Deus amado,

Obrigada pelas dádivas da graça e do perdão. Obrigada por, em meio ao meu pecado, saber que fizeste, por intermédio de Jesus, um caminho para perdoar meu pecado e tornar-me correta contigo.

Por isso, hoje confesso minha pecaminosidade, meu coração endurecido, meus pensamentos maus, minhas palavras duras, minhas dúvidas... Acredito de todo meu coração que foi por mim — e por minha causa — que Jesus morreu.

Por favor, perdoa-me de todo meu pecado. Os pecados grandes. Os pecados pequenos. Os pecados passados. Os pecados presentes. E todos os pecados que estão por vir. Troco meu pecado pela bondade e santidade de Jesus, pelo sangue derramado de nosso Salvador. Agora estou perdoada e livre! Obrigada por neste momento teres me selado com teu Espírito Santo. Recebo essa dádiva preciosa e confio que farás conforme prometeste e me tornarás uma nova criação, moldando-me e modelando-me de dentro para fora para ser semelhante a ti!

Celebro que meu velho eu se foi e meu novo eu está aqui para ficar! Amo-te e sou para sempre agradecida pelo teu perdão e pela minha nova vida em ti. Peço tudo isso em nome de Jesus, amém.

Amo você, minha querida amiga. E regozijo-me com todo o céu por cada decisão feita de aceitar o dom gratuito de Deus da salvação. É verdadeiramente o dom mais doce que já recebemos.

Belas verdades para lembrar

VINTE ESCRITURAS ÀS QUAIS
SE SEGURAR QUANDO AINDA
ESTIVER SOFRENDO

Oi, minha amiga,

Entendo profundamente que quando um sofrimento inesperado arruína a maneira que pensávamos que nossa vida estaria hoje, é fácil nos tornarmos reservadas e cautelosas com os outros e céticas em relação a Deus.

Mas posso compartilhar com você algo que aprendi?

Agora mesmo — em meio ao que está partindo seu coração —, essa dor aguda que sente é na verdade uma prova de que há um refinamento de beleza em processo.

Veja, encontrar a beleza de novo não é apenas uma boa ideia ou uma oportunidade especial para alguém vivendo uma circunstância diferente da sua. Nem mesmo diz respeito a reunir coragem suficiente para fazer algo melhor ou anular seus sentimentos para fingir que está bem quando chora à noite na cama.

Diz respeito a abrir seus olhos para a bondade empolgante já à sua frente. É uma perspectiva esperançosa na qual adentrar agora mesmo.

É uma perspectiva esperançosa para você entrar agora mesmo, enquanto declara que, por causa de Jesus, você é mais do que aquilo que acontece com você, do que aquilo que é tirado de você e do que nunca mais será o mesmo.

Não podemos mudar o que nos acontece. Mas temos a escolha de como seguimos em frente mesmo que ainda estejamos sofrendo.

Quero que essa verdade ilustre todas as belas possibilidades à frente, em vez de carregar o peso do passado nos dias que virão.

Quero isso para você também, minha amiga.

Assim, minha oração é para que a verdade nestes textos das Escrituras a ajudem a atravessar o que enfrenta hoje e a lembrá-la disto: sua vida ainda pode ser bela.

Não se esqueça dessas palavras.

Com amor,

*"Ele fortalece o cansado e dá grande vigor
ao que está sem forças."*
(Isaías 40:29)

*"[O Senhor] que fez os céus e a terra, o
mar e tudo o que neles há, e que mantém
a sua fidelidade para sempre."*
(Salmos 146:6)

*"Por isso não tema, pois estou com você;
não tenha medo, pois sou o seu Deus. Eu
o fortalecerei e o ajudarei; eu o segurarei
com a minha mão direita vitoriosa."*
(Isaías 41:10)

*"Tu és o meu abrigo; tu me preservarás
das angústias e me cercarás de canções de
livramento."*
(Salmos 32.7)

*"Meus irmãos, considerem motivo de
grande alegria o fato de passarem por
diversas provações, pois vocês sabem que
a prova da sua fé produz perseverança.
E a perseverança deve ter ação completa,
a fim de que vocês sejam maduros e
íntegros, sem lhes faltar coisa alguma."*
(Tiago 1:2-4)

*"Apeguemo-nos com firmeza à esperança que
professamos, pois aquele que prometeu é fiel."*
(Hebreus 10:23)

"Perto está o Senhor"
(Filipenses 4:5)

"O SENHOR está perto de todos os que o invocam, de todos os que o invocam com sinceridade."
(Salmos 145:18)

"Vocês planejaram o mal contra mim, mas Deus o tornou em bem, para que hoje fosse preservada a vida de muitos."
(Gênesis 50:20)

"O SENHOR, o seu Deus, está em seu meio, poderoso para salvar. Ele se regozijará em você; com o seu amor a renovará, ele se regozijará em você com brados de alegria."
(Sofonias 3:17)

"Que a paz de Cristo seja o juiz em seu coração, visto que vocês foram chamados para viver em paz, como membros de um só corpo. E sejam agradecidos."
(Colossenses 3:15)

"O SENHOR ouviu a minha súplica; o SENHOR aceitou a minha oração."
(Salmos 6:9)

"Assim, fixamos os olhos, não naquilo que se vê, mas no que não se vê, pois o

Belas verdades para lembrar

que se vê é transitório, mas o que não se vê é eterno." (2Coríntios 4:18)

"Todavia, lembro-me também do que pode me dar esperança: Graças ao grande amor do Senhor é que não somos consumidos, pois as suas misericórdias são inesgotáveis. Renovam-se cada manhã; grande é a sua fidelidade!" (Lamentações 3:21-23)

"Alegrem-se na esperança, sejam pacientes na tribulação, perseverem na oração. Compartilhem o que vocês têm com os santos em suas necessidades. Pratiquem a hospitalidade." (Romanos 12:12-13)

"Bendirei o Senhor, que me aconselha; na escura noite o meu coração me ensina! Sempre tenho o Senhor diante de mim. Com ele à minha direita, não serei abalado." (Salmos 16:7-8)

"Irmãos, não penso que eu mesmo já o tenha alcançado, mas uma coisa faço: esquecendo-me das coisas que ficaram para trás e avançando para as que estão adiante, prossigo para o alvo, a fim de ganhar o prêmio do chamado celestial de Deus em Cristo Jesus." (Filipenses 3:13-14)

"Mas tu, Senhor, és o escudo que me protege; és a minha glória e me fazes andar de cabeça erguida."
(Salmos 3:3)

"Bem-aventurados os pobres em espírito, pois deles é o Reino dos céus. Bem-aventurados os que choram, pois serão consolados."
(Mateus 5:3-4)

"Nisso vocês exultam, ainda que agora, por um pouco de tempo, devam ser entristecidos por todo tipo de provação. Assim acontece para que fique comprovado que a fé que vocês têm, muito mais valiosa do que o ouro que perece, mesmo que refinado pelo fogo, é genuína e resultará em louvor, glória e honra, quando Jesus Cristo for revelado."
(1Pedro 1:6-7)

Sobre a autora

Lysa TerKeurst é a presidente de Proverbs 31 Ministries e a autora em primeiro lugar de vendas no *New York Times* pelos livros *Forgiving What You Can't Forget* [Perdoando o que não consegue esquecer], *Uninvited* [Não convidado], *Não era para ser assim*, *A resposta certa* e mais de vinte outros livros. Mas, para aqueles que conhecem o melhor de Lysa, ela é apenas uma moça com uma Bíblia usada que proclama a esperança em meio aos bons tempos e às realidades difíceis.

Lysa vive com sua família em Charlotte, Carolina do Norte. Conecte-se com ela diariamente, veja fotos de sua família e siga sua programação de palestras:

- Website: www.LysaTerKeurst.com
- Clique em "events", depois, em "speaking & booking" para convidar Lysa para o seu evento.
- Facebook: www.Facebook.com/OfficialLysa
- Instagram: @LysaTerKeurst
- Twitter: @LysaTerKeurst

Se você gostou de *Redescobrindo a beleza da vida*, adquira os recursos adicionais em <www.ForgivingWhatYouCantForget.com, www.LysaTerKeurst.com e www.Proverbs31.org>.

Índice de tópicos

Amor de Deus: 61, 77, 212.

Ansiedade: 172, 192, 193.

Medo: 5, 29, 30, 36, 37, 38, 39, 44, 55, 64, 66, 71, 92, 112, 133, 142, 155, 164, 168, 172, 182, 194, 205, 220, 222, 231, 238, 239, 240, 241, 242, 245, 246, 253, 259.

Casamento: 13, 29, 55, 57, 112, 132, 135, 139, 172, 192, 194, 198, 200, 214, 218, 228, 229, 230, 232, 235.

Celebração: 34, 35, 219, 221.

Confiança: 14, 37, 43, 60, 61, 70, 71, 72, 125, 133, 134, 137, 142, 205, 216, 225, 231, 241, 245.

Conflito:46, 47, 48, 49, 164, 165, 176, 177, 179, 203.

Conversas:45, 46, 47, 48, 79, 100.

Cura: 29, 57, 65, 84, 85, 97, 104, 128, 129, 130, 131, 132, 133, 134, 135, 158, 180, 182, 192, 198, 206, 207, 208, 210, 211, 213, 215, 217, 219, 234, 235, 236, 237, 238, 241, 251.

Decepção: 13, 63, 64, 139, 140, 141, 142, 164, 172, 173, 216, 229.

Entrega: 49, 66.

Esperança:14, 15, 16, 29, 31, 34, 57, 60, 65, 69, 70, 97, 107, 111, 114, 115, 117, 119, 120, 123, 124, 125, 126, 133, 135, 140, 146, 156, 168, 170, 197, 198, 199, 224, 233, 237, 242, 250, 259, 261, 263.

Limites: 82, 87, 89, 90, 193.

Oração: 13, 40, 63, 66, 132, 136, 145, 153, 155, 182, 183, 185, 186, 197, 199, 230, 232, 249, 250, 253, 258, 260, 261.

Paz:18, 20, 21, 34, 37, 62, 89, 93, 134, 138, 142, 160, 163, 164, 165, 166,

172, 175, 180, 185, 209, 211, 214, 239, 240, 241, 250, 260.

Perdão: 52, 53, 65, 100, 101, 102, 103, 104, 128, 130, 131, 135, 144, 159, 160, 162, 165, 166, 179, 180, 181, 182, 183, 184, 185, 186, 195, 204, 206, 215, 216, 217, 241, 247, 250, 254, 255.

Perseverança: 32, 33, 259.

Pesar: 106, 107, 108, 137, 158, 159, 179, 195, 203, 205, 235, 249.

Plano de Deus: 39, 70, 112, 140.

Rejeição: 191.

Relacionamentos: 59, 68, 82, 97, 127, 184, 191, 193, 194, 195, 200, 205, 232, 240, 253.

Ressentimento: 90, 184, 185, 195, 196, 206, 210, 241.

Sabedoria: 79, 80, 89, 98, 133, 220, 229, 231, 233, 236.

Tempo com Deus: 78.

Índice por devocional

O processo antes da promessa — decepção, confiança, plano de Deus 13

O melhor lugar para colocar sua mente hoje — paz, pensamentos negativos, relacionamentos 17

Não quero que isso faça parte de minha história — perseverança, confiança, plano de Deus 22

Isso é notícia ou verdade? — pensamentos negativos, substituindo as mentiras, decepção 27

Quando a alegria parece muito irreal — alegria, celebração, plano de Deus 32

Por que você deixaria isso acontecer, Deus? — expectativas, confiança, plano de Deus 36

O passo a passo da obediência inabalável — obediência, confiança, plano de Deus 40

Três perguntas a fazer antes de dar uma resposta que não tem volta — relacionamentos, conversas, conflito 45

Se continuo ofendida, isso é de fato um assunto muito importante? — relacionamentos, rejeição, ressentimento 50

Isso não serve para nada — propósito, confiança, perseverança 55

O único amor que não falha — amor de Deus, cura, rejeição 59

Quando nego Jesus — decepção, pensamentos negativos, substituindo as mentiras 63

Três perspectivas para você lembrar quando o seu

normal estiver abalado
perseverança, plano de
Deus, oração 68
Salva pelo sofrimento
— cura, confiança,
perseverança 72
Às vezes é um ou dois
versículos por dia —
tempo com Deus,
sabedoria, amor de
Deus 77
Quando as coisas pioram
um pouco antes de
melhorarem — confiança,
relacionamentos,
limites 81
As bênçãos dos limites —
limites, relacionamentos,
conflito, casamento 87
Onde está o meu "felizes para
sempre"? — confiança,
decepção, ansiedade/
temor 91
Quando parece difícil
dar graças —
relacionamentos, graça
de Deus, perdão 96
Perdão: a palavra de dois gumes
— perdão, graça de Deus,
relacionamentos 100
Por favor, não me dê uma
resposta cristã — pesar,

relacionamentos,
conversas, reações 105
Quando Deus lhe dá
mais do que consegue
suportar — amor de
Deus, perseverança,
decepção 110
Um inesperado fio de esperança
— esperança, plano de
Deus, confiança 114
Um roteiro para pregar
para mim mesma —
substituindo as mentiras,
pensamentos negativos,
perseverança 118
A perspectiva mais elevada na
realidade presente — plano
de Deus, esperança,
oração 123
Uma nova maneira de caminhar
e uma nova maneira de
ver — cura, perdão,
relacionamentos 127
Quando tudo que lhe resta é dar
um tempo — casamento,
relacionamentos, cura,
reconciliação 132
A bondade de Deus
não foi anulada —
decepção, plano de
Deus, pensamentos
negativos 138

ÍNDICE POR DEVOCIONAL

Por que Deus não está respondendo a minhas orações? — oração, pesar, pensamentos negativos, substituindo as mentiras, amor de Deus 143

Quando nossa opinião e sentimentos nos trazem problemas — entrega, confiança, sabedoria 148

Aquele de quem precisamos de fato hoje — oração, decepção, perseverança 153

Quando sentimentos imutáveis são imperdoáveis — pesar, perdão, relacionamentos 158

Contanto que dependa de mim — paz, relacionamentos, perdão, sabedoria 163

Suspeitando de Deus — confiança, plano de Deus, ansiedade/temor 167

Pinceladas de compaixão — cura, celebração, amor de Deus 171

Sobre minha raiva — perdão, relacionamentos, casamento, ressentimento, graça de Deus 176

A cura diária para o coração pesado — oração, perdão, graça de Deus, ressentimento 182

Mais que pó e ossos — relacionamentos, casamento, perdão, amor de Deus 187

Quando seu marido desiste — relacionamentos, casamento, limites, oração 191

Cinco coisas para dizer a uma amiga hoje — relacionamentos, oração, sabedoria 197

Que a amargura seja uma semente de possibilidades, e não uma raiz — ressentimento, perdão, cura, relacionamentos, pesar 202

A cura é um processo — cura, ressentimento, limites, pensamentos negativos 207

Um declive escorregadio — ressentimento, cura, relacionamentos, perdão 213

Você é digna de ser celebrada — celebração, alegria, confiança, sabedoria 218

*Os versículos de que preciso
hoje* — substituindo as
mentiras, cura, amor de
Deus 222
*O melhor que pode
fazer por seu marido
hoje* — casamento,
oração, sabedoria,
relacionamentos 228
*Como posso atravessar
os próximos 86.400
segundos?* — cura,
perseverança, amor de
Deus 234
Ainda sinto medo às vezes
— ansiedade/temor,
relacionamentos,
perdão 238
Delicada, não frágil — cura,
perseverança, amor de
Deus 243
A vida é bela — amor de
Deus, perseverança, cura,
paz, sabedoria 247

Sua opinião é importante para nós.
Por gentileza, envie-nos seus comentários pelo e-mail:

editorial@hagnos.com.br

Visite nosso site:

www.hagnos.com.br